KAWADE
夢文庫

遊女と遊郭の色世界

博学こだわり倶楽部［編］

河出書房新社

カバー装画●k.kawashima/imagenavi
本文イラスト●皆川幸輝
図版作成●原田弘和
写真提供●新庄市（p21）
●探検コム（p39）
●国立国会図書館デジタルコレクション
（p14、127、163、187、203、209、212、215、219）
協力●ロム・インターナショナル

絢爛豪華かつ過酷な世界で遊女たちはどう生きたか?──はじめに

「遊郭《ゆうかく》」と聞けば、あなたは何を思い浮かべるだろうか。きらびやかな街並み、ゴージャスで艶《あで》やかな花魁《おいらん》や人形のような禿《かむろ》たち、浮世絵や歌舞伎《かぶき》、俳諧《はいかい》など文化の発信地、遊女と客あるいは遊女同士の激しい愛憎劇……を想像する人も多いだろう。

だが一方で、遊郭は、身売りされてきた遊女たちが夜な夜な性を売ってお金を稼ぎ、その代償として性病を患《わずら》ったり、厳しい楼主《ろうしゅ》(経営者)に折檻《せっかん》されたりしていた場所でもある。そんな遊女の過酷な世界を、人は「苦界《くがい》」と呼んだ。

遊郭は、極端なほどの陰と陽、両面を兼ね備えた場所ともいえるだろう。それゆえ、今も小説や映画、漫画などの題材にされ、男女を問わず多くの人々を惹《ひ》きつけて離さない。

本書は、江戸時代の吉原での遊び方から、遊郭の仕組みやオキテ、遊女の暮らしぶりや手練手管《てれんてくだ》、そして「三大遊郭」を代表する名妓《めいぎ》を紹介。さらには、吉原以外の遊郭や非公認の私娼街《ししょうがい》(岡場所《おかばしょ》)で人気を博した遊女たちの特徴も網羅した。創作物とはまた異なる、遊女と遊郭の実態を楽しんでいただきたい。

博学こだわり倶楽部

遊女と遊郭の色世界　もくじ

一章　遊郭と吉原の基礎知識

●文化・経済と深くかかわった

そもそも遊郭ってどんなところ？　12
遊郭で働く遊女は、どんな存在だったか　16
最も栄えていた「三大遊郭」とは？　18
花魁は、吉原遊女7000人のトップスター　22
武士から町人まで、みんな遊郭に通っていた　24
歌舞伎、浮世絵、落語…遊郭は文化の中心地　26
江戸最大の遊郭は湿地帯で生まれた――吉原の歴史❶　28
新吉原へと移り、最盛期を迎える――吉原の歴史❷　30
18世紀半ば以降、吉原はなぜ衰退したのか？――吉原の歴史❸　33
明治時代を迎えて変わりゆく吉原――吉原の歴史❹　35
大正時代以降の吉原はどうなった？――吉原の歴史❺　38

二章 吉原のオキテと舞台裏

●大門をくぐればそこは異世界！

吉原の立地と「大門」の内外を知る 42
遊女たちはどこからやってきたのか？ 46
郭のなかには厳しい階級社会があった！ 48
吉原の遊女は28歳で定年退職していた 52
妓楼の経営者・楼主が「忘八」と呼ばれたわけ 54
遊郭に、なぜ子どもの「禿」を置いたのか？ 56
姉女郎につく「新造」は三つのランクに分かれる 60
妓楼と客との間で奮闘するのが「遣手」 62
番頭から不寝番まで、男の働き手も多かった！ 64
「芸者」は遊郭に欠かせない盛り上げ役 68
遊女にとって恐怖の日「紋日」とは？ 70
やらかした遊女を待っていたキツイ「折檻」とは 72
不景気のときは遊女がディスカウントされていた！ 75

岡場所で検挙された遊女は「吉原送り」の刑に　77
「不持」「板舐め」「ぐずろ兵衛」…遊女が使った隠語　80

三章 吉原で遊ぶ人の心得

●アクセスから相場、マナーまで

いざ吉原遊郭へ！ どのように行ったらいい？　84
大見世、中見世、小見世…懐に合った遊女屋を選ぶには　88
遊女屋のランクはココを見れば一目瞭然！　90
初心者の強い味方「ガイドブック」の中身とは　93
懐に余裕があるなら「引手茶屋」を頼るべし　95
相手が上級遊女なら、3回通うまで床入りできない　97
いくら払えば吉原の上級遊女と楽しめる？　100
リーズナブルに楽しむなら「切見世」「河岸見世」へ　102
豪華絢爛な吉原名物・花魁道中を見逃すなかれ！　104
別の遊女に浮気した客は、どうなった？　107
指名したのに来ない…「貰い引き」と「廻し」にご用心　109

客が遊女に好かれるには、どうすればいい？ 112
遊女の心客知らず…男たちが頼りにした「長命丸」 114
恐怖！ お代を支払えない客を待っていた私刑とは 117

四章 遊女の暮らしと生涯

●素人女性とは、まるで違う！

遊女はこんなふうに1日を過ごしていた 120
公休は年2日！ 貴重なオフの日に遊女は何をした？ 123
上級遊女になるためには教養が必須！ 125
遊女はアンダーヘアの処理も怠らない 128
性病を経験してこそ一人前だって?! 130
遊女が恐れた「妊娠」。当時の避妊法は？ 132
実はまずかった？ 吉原で出された食事 134
吉原の遊女は、なぜ「ありんす言葉」を使ったか 136
処女を失ってからが遊女のスタート。その相手とは？ 139
遊女たちが夢見た「身請け」。でもハードルは高かった！ 141

駆け落ちに失敗すれば、過酷な運命が待っていた 143
つらい勤めに耐えかね、遊女たちは放火を繰り返していた！ 145
最先端のヘアスタイルは遊女発信だった——ファッション❶ 147
遊女の服装は時代とともにド派手に——ファッション❷ 150
結婚していないのに遊女がお歯黒をしたのは？——ファッション❸ 153

五章 遊女が駆使した手練手管

これぞ、プロの悦ばせ方

キスは遊女にとって「手付け」「決まり」だった 156
左寝はNG！ 遊女が必ず客の右側に寝た理由とは 158
「感じているフリ」ができるのが、売れっ子の条件！ 160
遊女たちが会得した「イクのを防ぐ」ワザ 162
遊女の手のなかでフィニッシュしたい客には… 164
キスはしても、フェラチオはしなかった遊女たち 166
肛交を求められたときの、やり過ごし方とは 168
巨乳の遊女は、こうして江戸の男性を悦ばせた 170

遊女たちが好んだのは、意外にもあの体位だった！ 172
事後も手を抜かない！ 手紙攻勢で客をメロメロに 174

六章 各地の遊郭と色里を知る

●吉原だけじゃ物足りない?!

宿場町にできた非公認の色里「岡場所」が賑わった！ 178
人気の岡場所・深川で、芸者たちが男装をした理由は？ 181
不謹慎では？ 寺社の近くに岡場所が密集したなんて… 183
吉原から客を奪った「湯女風呂」の魅力とは 185
茶屋＝喫茶店かと思いきや…「茶汲女」のサービスがすごい！ 188
ちょいと兄さん…最下級の私娼「夜鷹」って？ 190
水の都・江戸に現れた「船饅頭」の恐ろしさ 193
若いイケメンと遊びたいなら「陰間茶屋」へ 195
江戸・吉原のモデルとなった「島原遊郭」――各地の遊郭❶ 198
名妓で知られる夕霧がいた「新町遊郭」――各地の遊郭❷ 200
外国商人の元へ遊女が出向いた「丸山遊郭」――各地の遊郭❸ 202

ハリスの要求で開設された横浜の「港崎遊郭」――各地の遊郭❹ 205

七章

●物語や芝居でも人気を博した

「三大遊郭」の名妓たち

【高尾】大名に身請けされるも酷い最期を迎えた？ 208
【勝山】江戸のファッションリーダーは、湯女から太夫へと華麗に転身！ 211
【夕霧】慈愛に満ちた人柄で一世を風靡した新町の名妓 214
【吉野】京のカリスマ遊女は、恋人に身請けされて幸せに 216
【玉菊・花扇・佐香穂】遊郭を彩った、その他の遊女たち 219

一章 遊郭と吉原の基礎知識

文化・経済と深くかかわった

そもそも遊郭ってどんなところ？

◉あちこちの遊女屋がまとめられた場所

遊郭《ゆうかく》とは、遊女を雇う遊女屋（妓楼《ぎろう》）がたくさん集まっている区域をさす。つまりは性風俗店が集まる場所のことで、江戸時代には江戸の吉原《よしわら》をはじめ、京都の島原《しまばら》、大坂の新町《しんまち》などに大規模な遊郭があった（この三つを「三大遊郭」という）。

現代の日本でいえば、札幌のすすきの、東京の新宿歌舞伎町、大阪の飛田新地《とびたしんち》、福岡の中洲《なかす》などのイメージに近い。

そもそも、遊女屋は古くから各地に存在していた。しかし、犯罪者が逃げ込んだり、風紀が乱れたりして治安の悪化が進んだため、時の権力者であった豊臣秀吉が、遊女屋を1か所にまとめて管理しやすくした。

遊女屋が集まった遊里《ゆうり》は、柵《さく》などで囲まれていることが多く、吉原のように堀や塀《へい》で外界から隔離されていることもあった。そうすることで、遊女屋は遊女の逃亡を防止できたし、客としても区域内で遊女屋や飲食店などが集まり繁華街化しているほうが、遊ぶのに都合がよかった。そして江戸時代に入ると、こうした区域は「遊郭」と呼ばれるようになる。

吉原などの大規模な遊郭では、遊女を雇っている遊女屋と、遊女と客が遊ぶ揚屋《あげや》が分かれており、上級遊女が指名を受けると、遊女屋から客の待つ揚屋へと大勢の従者を連れて出向いた。その一団の往来が華々しく、吉原では「花魁道中《おいらんどうちゅう》」と呼ばれて耳目《じもく》を集めた。

◉経済の拠点、文化の発信地でもあった

遊郭が、経済や文化に与えた影響も見逃せない。

たとえば、吉原は「毎日一〇〇〇両の金が落ちる」といわれるほど繁盛した時期もあり、遊女や遊女屋の従業員だけでなく、飲食店、呉服屋、魚屋、紙屋なども含めた、さまざまな業種の人々が直接的・間接的に恩恵にあずかった。とくに吉原は、衣食住が万事豪華で派手だったから動く金も大きく、商人や職人は大いに潤った。

遊郭による経済効果は相当なものだったため、遊郭が寂《さび》れたり、撤退したりすれば、一帯の経済が立ちゆかなくなることもあった。

文化面では、吉原などに独特の郭《くるわ》文化が形成された。遊女の多くは教養豊かで芸《げい》事《ごと》も達者。そこで流行した歌や踊り、ファッションがトレンドになった。

新吉原の大通り「仲の町」の賑わい。道沿いには茶屋が並び、ひやかしの客や、指名してくれた客を迎えにいく遊女一行、職人の姿もある。遊女らが白無垢の小袖姿なのは、八朔（旧暦8月1日）という江戸幕府の祝日の日だからである。

「江戸名所図会　7巻」より

江戸では大名や文化人、芸術家、裕福な商人など、あらゆる身分の人々が吉原に集まり、自由に交流する社交場ともなっていた。現代の感覚では信じがたいかもしれないが、遊郭が最新文化の発信地だったのである。

遊郭で働く遊女は、どんな存在だったか

◉はじめは芸能とセットで春を売っていた

「売春婦（娼婦）は人類最古の職業」とされるが、日本にも古くからセックスの対価として金銭を得る女性が存在した。「遊女」とは、そうした女性の呼び名である。日本においてもっとも古い遊女の記録は、奈良時代末期に成立した『万葉集』に登場する「遊行女婦《うかれめ》」である。遊行女婦は、貴族の宴席に侍《はべ》って歌を詠《よ》んだり、舞を披露したりする一方、売春もしていた。

つまり遊女という言葉は、「遊んで暮らす女」という意味のほかに、「遊芸（歌舞《かぶ》音曲《おんぎょく》、茶の湯、生け花などの芸事）とともに性的サービスを提供する女」という意味を含むと考えられるのだ。

時代を下って平安時代後期には、舟に乗って売春する遊女が登場。各地をまわっ

て芸を披露しながら客をとる「傀儡女《くぐつめ》」と呼ばれる遊女も現れた。さらに男装して舞う遊芸をしながら体を売る「白拍子《しらびょうし》」もいた。源 義経《みなもとのよしつね》の愛妾《あいしょう》・静御前《しずかごぜん》が、この白拍子だったといわれている。

鎌倉時代に入ると、遊女の存在は歴然と知られるようになる。鎌倉幕府は遊君別当《ゆうくんべっとう》という役職をもうけ、遊女を取り締まった。一方、室町幕府は遊女屋を認める代わりに税金を取り立てる管理方法をとった。遊女を職業の一つとして認めたわけだ。

戦国の世を制覇した豊臣秀吉も、この方法を踏襲《とうしゅう》。さらに江戸幕府も吉原などを公認したが、宿場町《しゅくばまち》（五街道《ごかいどう》など主要な道の宿駅を中心に発達した商業集落）などに「岡場所《おかばしょ》」と呼ばれる非公認の遊里ができ、各地に多くの遊女が生まれている。

◉遊女を受け入れていた江戸社会

現代の日本では、性風俗店で体を売る女性たちが蔑《さげす》んで見られる傾向があるが、江戸時代の遊女たちは今ほど蔑視《べっし》されていなかった。たとえば、遊女をやめて一般社会に戻り、ふつうの男性と所帯を持っても、「遊女上がり」だとして後ろ指をさされるようなことはなかったという。

このように遊女が社会に受け入れられていたのは、彼女たちの多くが身売りされて遊女になっていたからである。当時は困窮《こんきゅう》して娘を身売りする家庭が珍しくなく、親兄弟のために自ら進んで遊郭に入った遊女もいた。

そうした事情を人々が知っていたため、遊女は「自分を犠牲にした親孝行な娘」と同情を買いこそすれ、蔑視されることはなかったのである。

さらに、日本社会が古来、性におおらかで「処女」に大きな価値を置いていなかったことも大きい。女性が性に対して奔放《ほんぼう》であることも、武家社会でこそNGだったが、庶民レベルでは悪いと思われていなかった。

そのため、夫が遊郭で遊ぶことに対して、妻は男の甲斐性《かいしょう》としてうるさく言わなかったり、遊女と結婚した男性が「うちの女房は吉原上がりだ」と自慢することさえあったという。吉原の遊女を側室《そくしつ》にしていた大名がいたほどだ。

そうした社会状況が遊女の存在を、今とは違ったものにしていたのである。

最も栄えていた「三大遊郭」とは?

◉全国にある遊郭の数は200か所以上!

遊郭といえば、やはり吉原がよく知られているが、吉原だけでなく全国各地にたくさんの遊郭が存在していた。

江戸時代末期における遊郭の数は200か所以上だから、現在の各都道府県に平均4~5か所が設けられていた計算になる。各地の遊郭の評価を、相撲の番付のように並べた「遊郭番付」が作成されていたほどである。

たとえば、「水戸黄門」こと水戸光圀《みつくに》が開設したと伝わる水戸の祝町《いわいまち》遊郭、武家は入れなかった金沢の金沢東郭《ひがしくるわ》、吉原にならった立派な大門《おおもん》を有する新潟・佐渡の水金《みずかね》遊郭、出島《でじま》のオランダ人や唐人《とうじん》屋敷の中国人を相手に商売していた長崎の丸山《まるやま》遊郭などがあげられる。

◉吉原に先行していた京都の島原、大坂の新町

こうした各地の遊郭のなかで、江戸時代にもっとも栄えていたのが江戸の吉原、京都の島原、大坂の新町の「三大遊郭」だ。いずれも幕府公認の遊郭である。

島原遊郭は京都市中に散在していた遊里を、豊臣秀吉が1か所に集めて公認したもので、六条の地を経て、江戸時代に朱雀野《しゅじゃかの》へと移転した。新屋敷柳町にあったが、島原の乱に従軍した武士たちが、土塀と堀に囲まれた郭《くるわ》の形が「島原の城」に似ているといったことから「島原」と呼ばれるようになったともいわれている。

島原遊郭は遊女たちのランク付けや料金システムなど、のちの遊郭街の草分けとなる存在でもあった。吉原も島原を参考にしており、吉原の入り口に建つ大門《おおもん》は島原の大門を模して造られた。

大坂の新町遊郭は大坂城築城に際し、労働者の増加に合わせて遊女屋が増えたため、秀吉が1か所にまとめて営業を認めた。

◉吉原は三大遊郭のなかでも格が違った

江戸の吉原は、幕府が1617（元和《げんな》3）年に日本橋葺屋《ふきや》（現在の中央区日本橋人形町付近）に開設した（元吉原）。徳川家康の江戸入府以来、増え続けていた江戸の遊女屋を幕府がまとめて公認したのである。その際、家康のお膝元の駿府《すんぷ》（静岡県）の遊里も江戸へ移ってきた。

1657（明暦《めいれき》3）年の明暦の大火をきっかけに、浅草山谷《さんや》（現在の台東区千束《せんぞく》）へ移転すると（新吉原）、敷地面積が約2万坪を誇る日本最大の遊郭となった。遊女の数は時代によって異なるが、19世紀前半～中頃の最盛期には7000人を超えたといわれている。

吉原の大門をくぐると、昼間のように明るい灯籠《とうろう》や篝火《かがりび》を灯した妓楼が立ち並び、

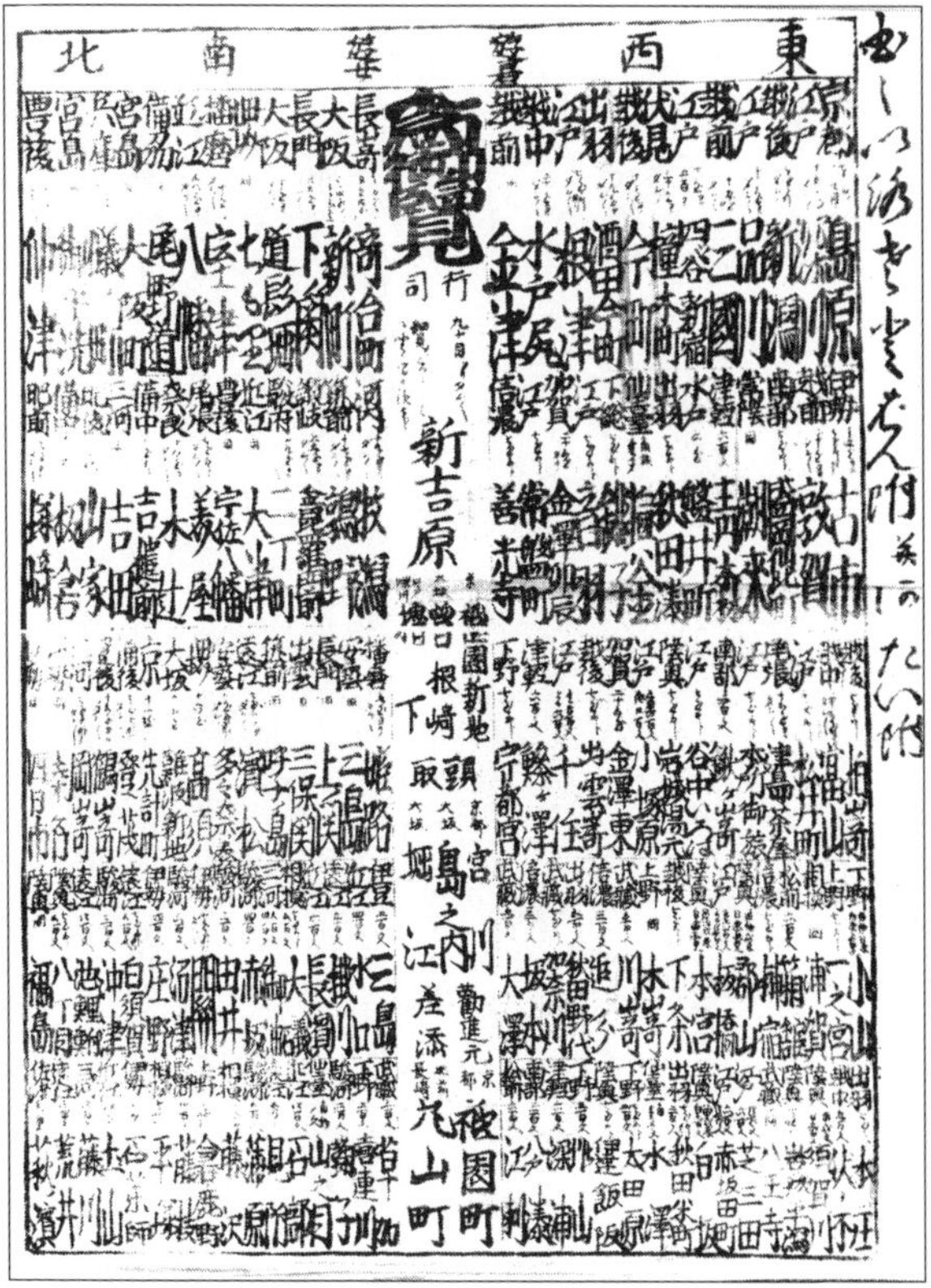

いつ頃のものか不明だが、全国の遊郭をランク付けした「全国遊郭番付」。新吉原がトップで、島原や品川、新町、丸山町（丸山遊郭）の名前も見える。

絢爛豪華《けんらんごうか》に着飾った上級遊女が通りを往来している。当時の江戸で人気を博していた、歌舞伎芝居に勝るとも劣らぬ華やかさだ。

客筋もまた、ほかの遊郭とは違う。大名や商人、裕福な町人など、単なる金持ちではなく、教養があり文化度が高く、遊び方を心得た人々が集まってきて、高級な社交サロンを形成していた。

吉原は敷地の広さといい、遊女の数といい、客の質といい、究極の遊郭だったといえる。「一度は行きたい花の吉原」と謳われた遊郭に憧れ、はじめて見物に訪れた人々は、その異世界感あふれる光景に驚き、浮世を忘れて酔いしれた。

花魁は、吉原遊女7000人のトップスター

◉才色兼備の郭の華

最盛期には7000人以上いたとされる吉原の遊女たち。そのなかでトップスターの座に君臨していたのが花魁《おいらん》だ。

盛り上げた髪に、これでもかというほど飾りをつけ、きらびやかな衣装をまとって、高下駄をまわしながらシャナリシャナリと道中を歩いていく——。映画や漫画

でしばしば描かれる花魁の姿は、時代を超えて人々を魅了し続けている。

そもそも花魁とは、吉原の上級遊女の一部のランクをさす言葉。吉原の遊女はひとりひとり格付けされていて、「呼出《よびだし》」「昼三《ちゆうさん》」「附廻《つけまわし》」などのランクが最上位とされていた。彼女たちトップランカーをまとめて花魁と呼んだのである（ただし時代を下ると、吉原の遊女一般をさして花魁と呼ぶようになった）。

吉原の妓楼では、遊女見習いの禿《かむろ》が、自分が仕える遊女のことを「おいらの姉さま」と呼んでおり、それが縮んで「おいらん」になったといわれている。

◉これぞ江戸っ子の憧れ

花魁の容姿はもちろんトップクラス。現代の女優やモデル並みである。しかし、見た目だけよくてもダメで、歌や踊り、書道、茶道、華道、古典など、幅広い教養と芸事を兼ね備えた女性でなければ、花魁になれなかった。

花魁は大名や裕福な商人、文化人などを相手にしていたから、そうした知識人たちと話せるだけの素養が必要とされたのである。

彩色兼備《さいしよくけんび》のトップスターだけに、一般人の間でも、花魁の人気は高かった。たとえば、花魁を描いた美人画の浮世絵が、現代の有名人のグラビア写真のごとく飛ぶように売れたという。

まさに郭の世界の華。圧倒的な存在感を誇る花魁に、多くの人々が強い憧れを抱いたのである。

武士から町人まで、みんな遊郭に通っていた

◉元吉原時代の主な客層は武士

たとえば、友人の男性が毎週ソープランドへ通っていると知った女性は、おそらく引いてしまうだろう。自分の留守中に夫がデリヘル（デリバリーヘルス）を呼んでいたら、妻は激怒するに違いない。

現代の日本においては、性風俗店を利用する男性は軽蔑されがちだが、かつては違った。江戸時代には、あらゆる身分の男性たちが遊郭へ通っており、それをことさら咎《とが》める女性は多くなかった。前述したように、当時は性に関して非常に開放的で、「男の遊里遊びは仕方がない」とか、「素人《しろうと》女に手を出すより遊女を選ぶほうが男らしい」などと言われるほどだったのである。

では、吉原に通っていた男性はどのような身分の人が多かったのか？

江戸時代初期、日本橋にあった元吉原の時代には、大名や旗本、代官などが多かった。なぜなら、江戸城から近くて通いやすかったからだ。また、当時は昼間の営業のみで、町人（職人や商人）は仕事を抜けにくかったため、客の大半は自然と武士たちになった。江戸時代中期以降、浅草山谷に移転した新吉原の時代には、夜間営業が認められたこともあり、町人の客が増えた。

もちろん武士にしろ町人にしろ、貧乏人は吉原で遊べない。吉原で華やかに楽しめるのは一握りの金持ちだけだった。

◉お大尽の豪遊と剣豪の一途さ

著名人の遊客も多かった。たとえば、成金《なりきん》として知られる紀伊国屋文左衛門《きのくにやぶんざえもん》と奈良屋茂左衛門《ならやもざえもん》のエピソードは豪快だ。

紀文は、節分に豆の代わりに金をばらまくような大盤振る舞いをしたり、吉原を一日貸し切ったりして人々の度肝を抜いた。

奈良屋は吉原周辺の蕎麦《そば》を2枚だけ残してすべて買い占め、その2枚をお気に入りの花魁に届けた。つまり「本日、蕎麦を食べられるのはそなただけ」と、自分の思いの強さをアピールしたのである。

このように「お大尽《だいじん》」と呼ばれる大金持ちが大豪遊する一方で、剣豪として知られる宮本武蔵《むさし》も吉原にハマっていたという。

武蔵といえばストイックで女性に見向きもしない堅物《かたぶつ》のようにも思えるが、実は吉原の常連だった。武蔵が指名していたのは雲井という最下級の遊女で、島原の乱に出陣する前には、わざわざ別れの挨拶に訪れるほど熱心だったという。

そんな一途な性格だからか、遊女たちの間でも武蔵の人気は高かった。ふだんの武蔵は着の身着のままで風呂にも入らず不潔だったが、それがかえって強烈なフェロモンとなり、女性を惹《ひ》きつけていた（！）という説もある。

歌舞伎、浮世絵、落語…遊郭は文化の中心地

◉吉原生まれの芸術作品

遊郭は文化が花開いた場所でもあった。とくに吉原は江戸の文化の中心地で、浄瑠璃《じょうるり》、歌舞伎《かぶき》、落語、狂言《きょうげん》、戯作《げさく》、俳諧《はいかい》、狂歌《きょうか》、錦絵《にしきえ》、ファッションなどの発展は、吉原を抜きに語れないほどである。

たとえば、歌舞伎で有名な『助六《すけろく》』は、吉原で一番の遊女・揚巻《あげまき》と俠客《きょうかく》・助六の

恋を生き生きと描きだした華やかな物語。粋《いき》でいなせで、腕っぷしも強いモテ男の助六が、敵討《かたきう》ちで見せる派手な立ち回りも見どころの一つだが、障害があればあるほど燃え上がる二人の恋に、人々は拍手喝采を送った。

◉身分を超えた江戸の社交サロンに

当時、吉原には多くの知識人や文化人が身分を問わず出入りしていた。すっかり吉原に入《い》り浸《びた》っている御仁《ごじん》も珍しくなかった。彼らが吉原に惹きつけられたのは、一般社会のルールから切り離された異世界だったからである。

何よりも、美人で教養があり、ファッションセンスも高い遊女たちと親密になれる。かりそめとはいえ、彼女たちと恋人関係・夫婦関係になれば、大いに創作の刺激が得られたことだろう。

身分を超えた交流の魅力もあった。一般社会では武士、町人、芸者などが交流することはほとんどない。しかし、吉原ではさまざまな素性の人々が気軽に同席し、語らうことができた。

吉原側も狂歌の歌会、書画や音曲《おんぎょく》のお披露目会などのイベントを開催し、多くの文化人を集めた。そうして吉原は、江戸の社交サロンになっていったのである。

そんな社交サロンの中心人物の一人が蔦屋《つたや》重三郎《じゅうざぶろう》だ。吉原生まれの蔦屋は、吉原で狂歌の会などを主催して人脈を築き、戯作者《げさくしゃ》・浮世絵師の山東京伝《さんとうきょうでん》、浮世絵師の喜多川歌麿《きたがわうたまろ》や東洲斎写楽《とうしゅうさいしゃらく》らをプロデュースして世に送り出している。

江戸最大の遊郭は湿地帯で生まれた——吉原の歴史❶

◉吉原遊郭は二つある

現在も多くのソープランドが集まっている浅草裏の吉原（現在の台東区千束）は、日本最大の遊郭として名をはせた吉原遊郭が存在した場所である。今でこそ往時の面影はほとんど感じられないが、かつて繁栄を極めた一大遊興地はこの地にあった。

ただし、吉原は最初から浅草裏にあったわけではない。前述したように、日本橋葺屋（現在の中央区日本橋人形町付近）から移転してきたのである。

日本橋といえば江戸城から程近い、江戸のど真ん中。そんなところに大規模な遊郭を置くのはいかがなものか？　と思う人もいるだろうが、江戸時代初期の日本橋は葭《よし》が生い茂る湿地帯だったため、遊郭ができても問題なかったのである。

◉「葭原」から「吉原」へ

吉原開設までの経緯は、次のようなものである。

1590（天正《てんしょう》18）年、徳川家康が江戸に入ると、急ピッチで町の建設が進み、建設工事に従事する多くの男性たちが江戸にやってきた。やがて幕府がつくられると、江戸の人口は急増。その大半が地方出身の武士や建設労働者だったため、江戸の町は「男余り」の状態になってしまう。

そうした男性たちを狙って町のあちこちに誕生したのが遊女屋である。遊女屋はそれぞれが好き勝手に営業していたが、遊女屋が散在しているとトラブルになりがちだし、風紀が乱れる。そこで1612（慶長《けいちょう》17）年、遊女屋を経営していた庄《しょう》司甚右衛門《じじんえもん》が同業者を代表し、「遊女屋を1か所にまとめた遊郭を設置したい」と幕府に願い出たのである。

幕府は遊郭設置の願い出をいったんは却下したが、やはり遊女屋は集まっていたほうが管理しやすいと思い直し、5年後の1617（元和《げんな》3）年に遊郭の設置を認めた。

ちなみに、その際に幕府が出した条件は、①設置場所以外の遊女屋はいっさい認めない、②遊郭の営業は昼間に限る、③遊郭は質素なたたずまいを心がけ、遊女も贅沢な装いをしない、などだった。

幕府が、遊郭の設置場所として与えたのは日本橋葺屋の湿地帯で、その1年後に吉原遊郭が誕生する。

当初は葭が茂る土地だったため「葭原」と名付けられたが、「葭」は「よし」と同時に「あし」とも読むことができる。「あし」と読むと、「悪《あ》し」に通じて縁起が悪いということで「吉原」に変更された。つまり、吉原は縁起を担いで改名された地名だったのである。

新吉原へと移り、最盛期を迎える——吉原の歴史❷

◉街の拡張で遊郭が江戸の真ん中に

吉原遊郭ができたばかりの頃は辺鄙《へんぴ》な場所だった日本橋も、江戸の町が拡張されるにつれて人が増えていく。その後も拡張は続き、いつしか吉原は町の中心になっていった。遊郭設置から約40年後のことだ。

だが、いくらなんでも、江戸の真ん中に遊郭があるのはまずい。そう考えた幕府は1656（明暦《めいれき》2）年、吉原の移転を命じたのである。

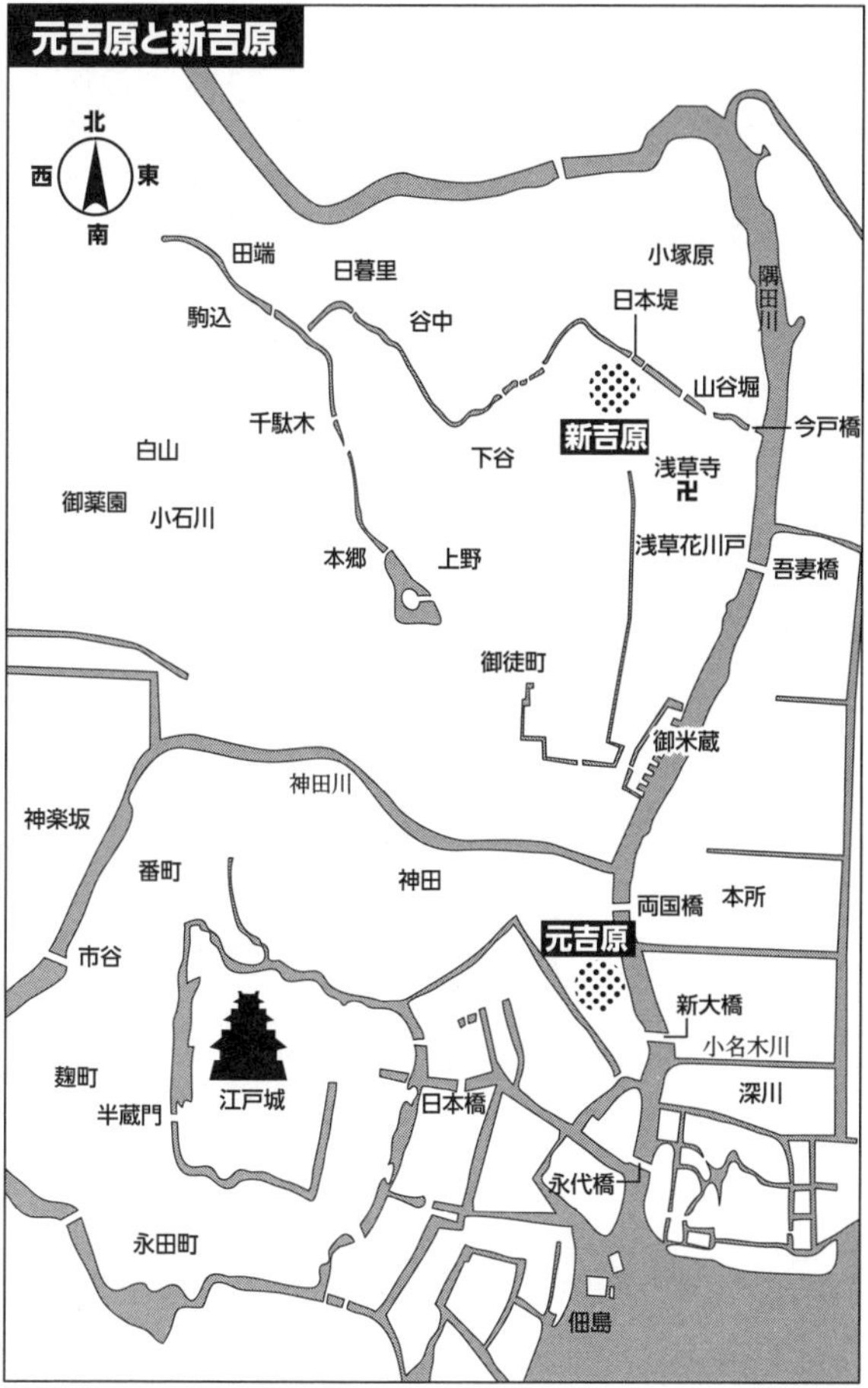
元吉原と新吉原
北
西
東
南
田端
日暮里
小塚原
隅田川
駒込
谷中
日本堤
山谷堀
新吉原
今戸橋
千駄木
白山
下谷
浅草寺
御薬園
小石川
浅草花川戸
本郷
上野
吾妻橋
御徒町
御米蔵
神田川
神楽坂
番町
神田
両国橋
本所
元吉原
市谷
新大橋
小名木川
麹町
江戸城
深川
半蔵門
日本橋
永代橋
永田町
佃島

このとき、吉原の遊女屋は移転に大反対した。せっかく好立地にあるのに郊外へ移れば商売上がったりだから、当然といえば当然だろう。

これを受け、幕府は従来の1・5倍の土地と一万五〇〇〇両の引っ越し代を支給したうえ、それまで禁止していた夜間営業を認めることや、吉原の商売敵《がたき》だった湯女《ゆな》風呂《ぶろ》（185頁参照）を取り締まることなどを約束し、遊女屋に移転を認めさせた。

移転先の候補地として幕府が提案したのは、浅草裏の日本堤《にほんづつみ》と本所《ほんじょ》（現在の墨田区の南半分を占める地域）の2か所。遊女屋は、舟で隅田川を渡らなければたどり着けない本所を避け、歩いて行ける浅草裏を選んだ。こうして日本橋にあった吉原遊郭は、浅草裏の田んぼのなかに移転することになったのである。

なお、移転の際、元吉原は江戸の大半を焼き尽くした明暦の大火で大きな被害を受けている。新吉原はまだ完成しておらず、行き場を失った遊女たちは小屋を建てて営業した。

◉移転後は夜間営業も可能になり、大繁盛

新しい吉原遊郭は、1657（明暦3）年に完成した。これを「新吉原」といい、日本橋の吉原を「元吉原」と呼んで区別している。ただし、単に吉原というときは

新吉原をさすのが一般的だ。

新吉原は江戸城付近からは、歩くと1時間ほどかかる。当時は交通手段が発達しておらず、徒歩で行くしかない庶民にとっては、とても不便な場所だった。

しかし、夜間営業が認められたことや、宿泊できるようになったことで昼間働いている町人が通いやすくなり、元吉原時代よりも大勢の客が詰めかけた。アクセスの悪さも、裕福な客は馬や駕籠《かご》を利用したため、大きな問題にならなかったのだ。

こうして新吉原は昼も夜も賑わいを見せ、不夜城《ふやじょう》と呼ばれるようになる。遊女の数も増え続け、移転直後の約2000人から数千人規模へと拡大。18世紀前半から中頃に最盛期を迎えた。

18世紀半ば以降、吉原はなぜ衰退したのか?——吉原の歴史③

◉岡場所の攻勢にさらされた吉原

だが、そんな吉原も繁栄し続けることはできず、18世紀半ば以降は次第に衰退していく。その原因は、商売敵《しょうばいがたき》である非公認の遊里「岡場所《おかばしょ》」の台頭である。

岡場所は江戸市中の至る所にあり、吉原に比べてアクセスがよい。しかも料金が安く、面倒なしきたりを気にする必要もないため、気軽に遊ぶことができた。

そんな岡場所を好んだのが、経済力をつけてきた町人だった。町人たちは、金にあかせて吉原で豪遊することもあったが、どちらかといえば伝統やマナーにうるさい吉原より、岡場所の利用頻度を増やしていく。吉原はかつての主客である武士を頼ろうにも、江戸時代後期には武士たちは経済的に困窮していて頼れない。

庶民も吉原より岡場所を好んだ。吉原が憧れの存在であることに変わりはなかったが、現実的には高嶺《たかね》の花であり、身近な岡場所をひいきにしていたのである。

危機的状況に直面した吉原は生き残りをかけ、庶民に合わせた大衆化路線へとシフトしていく。

◉吉原から揚屋や太夫が消えた！

吉原が行った大衆化戦略は、上級遊女を客が揚屋《あげや》へ呼び出して遊ぶ揚屋制度の廃止や、太夫《たゆう》や格子《こうし》といった上級遊女のランクをなくす、といったものだった。

揚屋がなければ太夫もいないので、華やかな花魁道中が行われることもない（太夫がいなくなったあとは、大見世《おおみせ》の呼出の遊女が引手茶屋《ひきてぢゃや》まで行くのを道中といった）。揚屋で大盤振る舞いをする賑やかな宴席もない。往時の吉原を知る人からすれば、吉原は灯が消えたように見えた。

さらに、ご祝儀を必要とする「紋日《もんび》」（70頁参照）をなくして客の負担を減らすなど、吉原は恥も外聞も捨てて客を呼び込もうとした。

しかし、吉原の人気は戻らない。高尾《たかお》やうす雲など、名だたる花魁を輩出した三浦屋をはじめ、有名な遊女屋の廃業も相次いだ。廃業した遊女屋の娘が食べていけずに、格の低い宿場の遊女に身を落としたという話もある。

客からすれば、落ちぶれて岡場所と同じような形態になった吉原には価値がない。吉原は大衆化したことで、皮肉にも、魅力を半減させてしまったともいえるだろう。吉原の不景気は続き、幕末には遊女の料金を下げるという禁じ手まで使う。結果、一時的に客は集まったが、往時のような賑わいを取り戻すことはなかった。

明治時代を迎えて変わりゆく吉原——吉原の歴史❹

◉形を変えただけで遊郭は続いた

1868（慶応《けいおう》4）年に江戸幕府が倒れ、明治時代が始まると、吉原も変化の波にさらされた。当初、明治政府は遊郭の存在を問題視していなかったため、吉原も

1872(明治5)年頃の吉原の様子。各遊女屋の前に立ち並ぶのが、屋根形をのせた辻行灯「たそや行灯」である。

変わらず営業を続けていたが、西欧諸国から人権尊重を叫ばれるようになる。遊女の人身売買も問題視され、政府は1872(明治5)年に「娼妓《しょうぎ》解放令」を出した。

しかし、これは西洋列強をなだめるための表向きの施策にすぎなかった。吉原の遊女屋は「貸座敷」と名前を変え、遊女は自分の意志で貸座敷を借りて営業するという形になっただけだったのである。

政府は貸座敷と遊女に鑑札《かんさつ》を出して営業を容認。江戸幕府と同様、組織的に売春を行う遊郭の存在を認める立場をとり続けた。

そうしたなか、各地に遊郭が増

えていく。地方には吉原のシステムや建物をまねて新設された遊郭が多く、神戸の福原遊郭や福岡の弥生《やよい》町遊郭などは吉原によく似た遊郭となった。江戸時代の吉原の情緒や雰囲気が、あらためて高く評価されたのである。

◉明治維新後、遊女は差別の対象に

では、遊女側にはなんの変化もなかったのかというと、そうではなかった。

実は明治時代以降、遊女の社会的地位は低下している。江戸時代の遊女は、親兄弟を助ける親孝行な娘として褒《ほ》められこそすれ、恥ずべき存在ではなかった。上級遊女の花魁ともなれば、江戸のトップスター、エリート女性として、多くの人々の憧れでもあった。

ところが、文明開化とともに西洋からキリスト教的倫理観が入ってくると、プラトニック・ラブや「女性は結婚するまで処女であるべき」という倫理が重視されるようになった。そのため、遊女は倫理に反した職業に従事する女性として差別の対象となってしまったのだ。

そうしたなか、遊女自身にも気持ちの変化が生まれ、裁判を起こして自由廃業を勝ちとる遊女も現れた。そこで政府が、１９００（明治33）年に遊女の自由廃業を認める「娼妓取締規則」を公布すると、その年の4か月の間に600人以上の遊女が廃業した。

こうして政府は遊女に一定の自由を認めたわけだが、一方で公娼制度は存続させた。遊郭はまだまだ続くことになるのだ。

大正時代以降の吉原はどうなった？――吉原の歴史⑤

◉吉原大火で江戸の風情が消える

しかし、明治時代の終わりに大事件が起こっていた。1911（明治44）年の吉原大火である。美華登楼《みかどろう》という貸座敷から出た火が瞬く間に広がって大火災となり、吉原一帯が灰燼《かいじん》に帰《き》した。江戸時代から残されていた郭の風情《ふぜい》は、これによってほとんど失われてしまう。

それでも吉原は消えなかった。明治時代が終わり大正時代に入ってからも、吉原は営業を続けた。3年後の1914（大正3）年には花魁道中が行われ、吉原の復興を人々に印象付けたのである。

その頃、吉原の外では私娼《ししょう》も横行していた。政府の許可を得ていない私娼は表立

1911（明治44）年に吉原大火で焼け落ちた大門。

って営業できないため、「碁会所《ごかいしょ》」「銘酒屋（飲み屋）」などという看板を掲げて、裏で売春をしていたのだ。

こうした状況は昭和に入ってからも大きく変わらない。東北地方などの農村地帯で不作のために経済的に困窮し、身売りされてきた遊女も多かった。昭和初期の吉原の貸座敷は100軒を数え、400坪もの敷地を持つ大見世もあったという。

◉売春防止法でとどめを刺された吉原

吉原が大きな変化を見せたのは、太平洋戦争後のことだ。

終戦の翌年の1946（昭和21）年、政府はGHQ（太平洋戦争後の日本を占領・管理するための最高司令部）の命令に従い、公娼を禁止する。これを受けた吉原は「特殊飲食店街（特飲街）」と名前を変え、接待所で私娼が自由営業するという形で営業を続けた。この新たな売春システムを、警察が元の遊郭の場所の地図を赤線で囲んだことにちなんで「赤線地帯（赤線《あかせん》）」という。

この赤線に対し、いわゆる私娼を置く店が集まる場所を「青線《あおせん》」、個人で営業する私娼がたむろする場所を「白線《パイせん》」といい、売春の形は多様になった。

この頃から、吉原の古き良き時代の風情が失われ、女性が割り切って金を稼ぐための場所になっていく。かつての社交サロンのような趣《おもむき》は見る影もなく、高級店でも性行為をしておしまいだった。

そして1958（昭和33）年には、ついに売春防止法が施行される。これにより売春そのものが禁止され、吉原は長い歴史に幕を閉じたのである。

ただし、性風俗産業で栄えてきた吉原が完全に消え去ったわけではない。その後、吉原はソープランドが並ぶ風俗街として生まれ変わる。ソープランドは銀座に誕生したトルコ風呂が発祥で、売春防止法が施行されたのと同じ年、吉原にも「トルコ吉原」が誕生し、現在のような風俗街へと発展していった。

二章 吉原のオキテと舞台裏

大門をくぐればそこは異世界！

吉原の立地と「大門」の内外を知る

◉2万坪の敷地に1万人が暮らした

遊郭＝吉原。そう多くの人がイメージするように、江戸時代以降の性風俗文化における吉原遊郭の存在感は、とてつもなく大きい。実際、江戸時代の吉原は文化の中心地だった。

では、当時の吉原は具体的にどんな場所だったのか？　まずは、浅草裏につくられた新吉原（以下、吉原）の立地と敷地内の構造について見ていこう。

吉原の敷地面積は約2万坪。これは東京ドームの約1・5個分に相当する。周囲には黒板塀《くろいたべい》が巡らされ、塀の外側を「お歯黒《はぐろ》どぶ」と呼ばれる堀が取り囲んでいた。

その敷地内に、遊女や遊女屋（妓楼《ぎろう》）の関係者をはじめ商人、職人や芸者など、1万人もの人々が生活していた。

吉原ができた当時、周囲は田んぼが広がるだけの片田舎で、突如出現した遊郭街は異質以外の何物でもなかった。それが、のちに「日千両」といわれる繁栄をもたらすことになるのだから、わからないものである。

◉町が七つあるのに「五丁町」？

吉原の出入り口は「大門《おおもん》」といい、ここが唯一の出入り口だった。大門は黒塗り板葺きの屋根付き冠木門《かぶきもん》で、夜明けとともに開門し、夜四ツ（午後10時頃）には閉門する。ただし、その後も脇の「袖門」を通れば出たり入ったりできるので、結局のところ、いつでも出入り可能だった。

大門を入る手前には「番所」がある。町奉行の隠密廻り同心二人と、手下の岡っ引きが常駐しており、不審者を見張っていた。さらに大門をくぐってすぐ右手には「四郎兵衛会所《しろべえかいしょ》」という会所があり、監視人が遊女の逃亡に備えていた。

吉原のメインストリートは「仲の町《なかのちょう》」と呼ばれる。これが郭《くるわ》の南北を貫いている。仲の町の両側には「引手茶屋《ひきてぢゃや》」が軒を連ね、華やかな簾《すだれ》が通りを彩っていた。仲の町は季節ごとのイベントや花魁道中の舞台にもなったため、常に多くの人で大賑わい。仲の町こそ、吉原でもっとも華やかな場所だったのである。

仲の町の辻（交差点）には「木戸門《きどもん》」が設けられており、門の先に「五丁町《ごちょうまち》」と呼ばれるいくつかの町があった。地図で見ると、五丁町といいながら江戸町《えどちょう》一丁目、江戸町二丁目、京町《きょうちょう》一丁目、京町二丁目、角町《すみ》、揚屋町《あげや》、伏見町《ふしみ》と、町が七つあることに気付くだろう。

だが実は、もともとは五つしかなかった。のちに揚屋町と伏見町が追加されて七つになったのだが、人々は相変わらず五丁町と呼び続けたため、こうした不一致が生まれてしまったのだ。

それぞれの町には遊女屋が軒を並べ、通りの中央には天水桶《てんすいおけ》とたそや行灯《あんどん》（36頁参照）が並ぶ。たそや行灯は一晩中消えることなく瞬き続けていた。そのため、吉原は「不夜城《ふやじょう》」と謳われるようになった。

新吉原の郭の様子

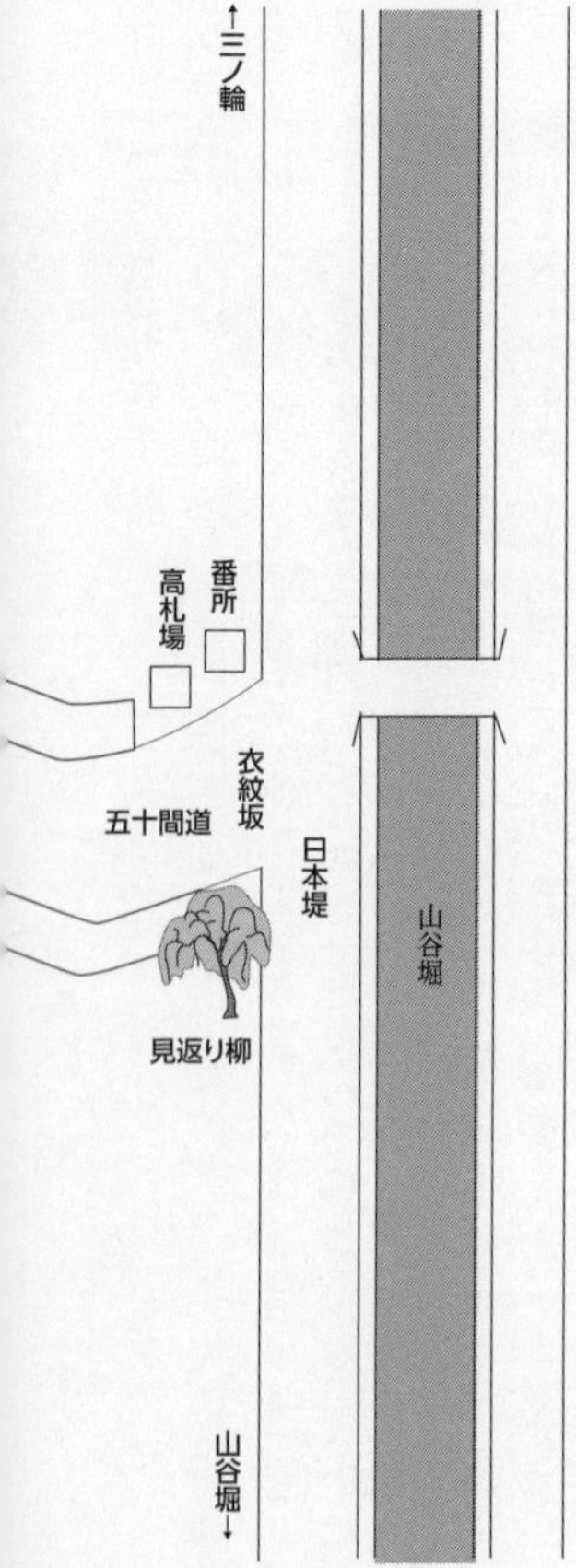

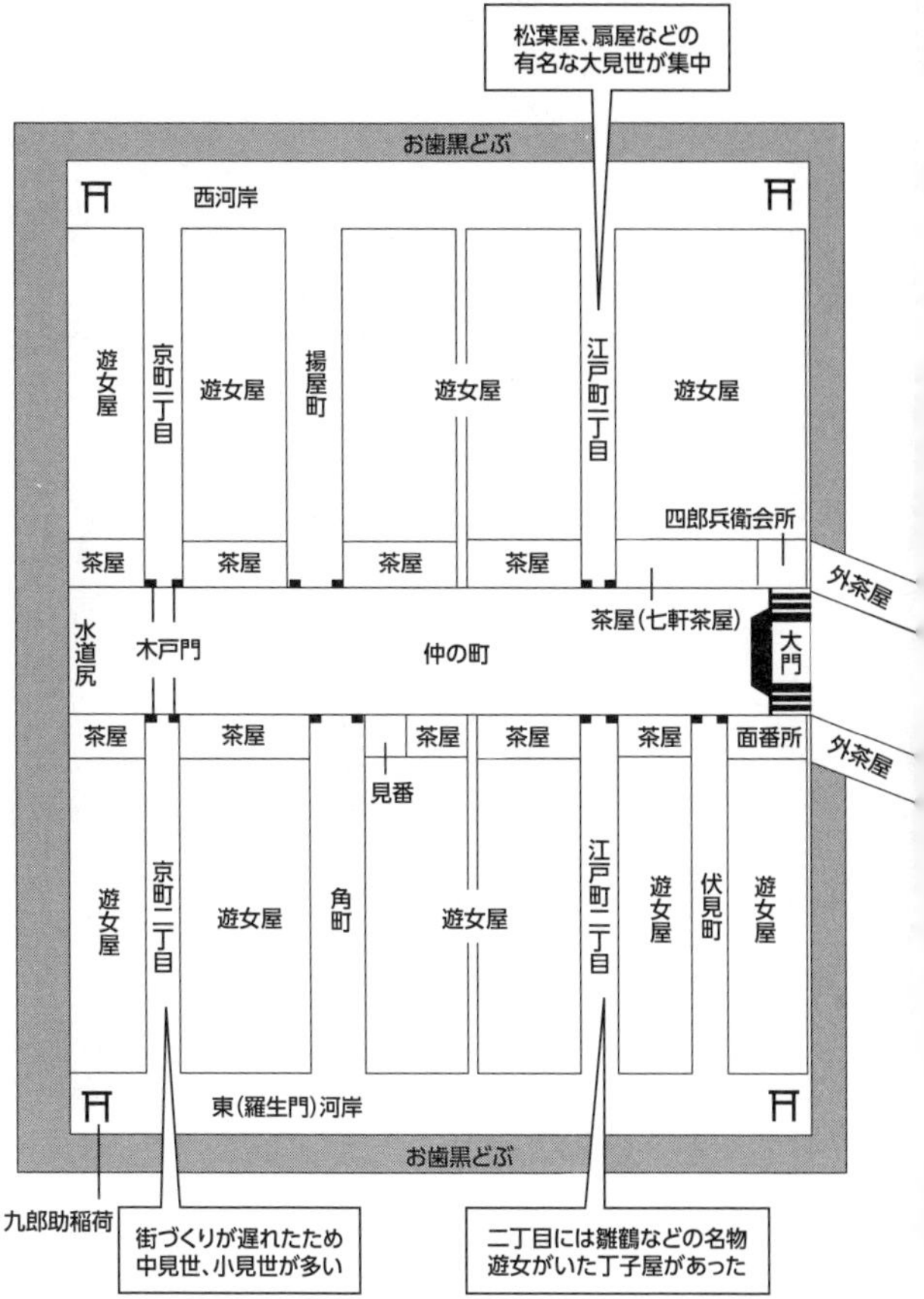
松葉屋、扇屋などの
有名な大見世が集中
お歯黒どぶ
西河岸
遊女屋
京町一丁目
遊女屋
揚屋町
遊女屋
江戸町一丁目
遊女屋
四郎兵衛会所
茶屋
茶屋
茶屋
茶屋
外茶屋
茶屋(七軒茶屋)
水道尻
木戸門
仲の町
大門
茶屋
茶屋
茶屋
茶屋
茶屋
面番所
外茶屋
見番
遊女屋
京町二丁目
遊女屋
角町
遊女屋
江戸町二丁目
遊女屋
伏見町
遊女屋
東(羅生門)河岸
お歯黒どぶ
九郎助稲荷
街づくりが遅れたため
中見世、小見世が多い
二丁目には雛鶴などの名物
遊女がいた丁子屋があった

表通りから裏へ抜けると「裏長屋」がある。ここには商人や職人、芸者などが暮らしており、吉原の生活を支えていた。その様子はふつうの町と大きく変わらない。彼らのおかげで、吉原のなかで衣食住のすべてを賄《まかな》うことができた。

遊女たちはどこからやってきたのか?

◉雇用契約の名目で売られてきた

吉原の主役は誰かといえば、やはり遊女をおいてほかにいないだろう。遊郭に遊女がいなければ話にならない。遊女は吉原の華だった。

吉原の遊女の数は、時代によって大きく異なる。日本橋にあった元吉原の時代には千数百人、新吉原に移転した当初は二千数百人、その後、18世紀末くらいから4000〜5000人に急増し、19世紀前半〜中頃の最盛期には7000人を超えたといわれている。

では、それだけ多くの遊女たちはどこからやってきたのだろうか?

吉原の遊女に限らず、遊女の多くは身売りされてきていた。貧しい家庭は娘を売ることで生きながらえていたのである。当時の人々は、そうした事情をわかっており、遊女になった女性たちを「ふしだらな女」ではなく「親孝行をした娘」と見なした。そこが現代と違う点といえるだろう。

身売りする場合、親が直接遊女屋に連れていくこともあったが、大半は「女衒《ぜげん》」と呼ばれる仲介業者を通した。女衒は不作などで困窮した農村をまわって娘を仕入れ、遊女屋に斡旋《あっせん》していたのである。

ただし、1616（元和《げんな》2）年には幕府が「身売り、人身売買は禁制」の令を出していたため、あからさまに身売りはできない。そこで親は、娘を女衒の元に年季《ねんき》奉公《ほうこう》に出し、その給与を前払いで受け取るという形をとっていた。つまり、人身売買ではなく雇用契約を結ぶという〝裏ワザ〟を使っていたのである。

◉身売りの値段はいくら？

ここで気になるのは女衒に売られた娘の値段だが、それは年齢に左右されることが多かった。

10歳にも満たない幼い娘の場合、遊女屋で客をとれるようになるまで時間がかかる。そのため、その間にかかる生活費や教育費などの経費が割り引かれた。一方、14～15歳くらいの娘の場合、最低限の教育をすればすぐ客をとることができ、経費が少なくて済むから、そのぶん割高になる。

しかし、身売りの値段は決して高くはなかった。19世紀初頭、北陸地方の貧しい農村で三〜五両だったという記録がある。

現在の生活感覚でいえば一両＝13万円程度。最大値の五両としても、65万円程度にしかならなかったのである。

女衒は、売られていく娘に対して「これで毎日、白いおまんまが食べられるぞ」と声をかけて励まし、親には「娘さんは孝行者だ」と言って慰《なぐさ》めたという。そして代金の2〜3割を仲介料として差し引いた。

不当に安い金額で売られていく娘たちにしてみれば、家族のためとはいえ、やりきれない気持ちでいっぱいだったことだろう。

郭のなかには厳しい階級社会があった！

◉遊女のトップに君臨した「太夫」

最盛期には7000人以上いたとされる吉原の遊女だが、絢爛豪華《けんらんごうか》に着飾り大名や豪商を相手にした上級遊女がいれば、2畳程度しかない狭い部屋で庶民の相手をする下級遊女もいた。

吉原は厳然とした階級社会になっており、上級遊女と下級遊女はまったく異なる世界を生きていたのである。その階級を、ここで具体的に説明しよう。

元吉原時代の遊女は、「太夫《たゆう》」「格子《こうし》」「端《はし》」の三つの階級に分けられていた。

最上級の太夫は、「大見世《おおみせ》」と呼ばれる高級な遊女屋にいる。容貌はもちろん、幅広い教養の持ち主でもあるため、プライドが高く、嫌な客には大金を積まれてもそっぽを向いた。時代劇などによく登場するのは、この太夫である。

太夫の次のランクが格子で、文字どおり格子のある遊女屋に並んで客を待つ。ただし同じ格子の遊女でも、高級な遊女屋の格子と、「中見世《なかみせ》」と呼ばれる中級の遊女屋の格子では大きな差があった。ちなみに元吉原時代には、太夫と格子の階級に属する遊女を「花魁《おいらん》」と呼んだ。

格子の次にランクされるのが端。下級の遊女屋である「小見世《こみせ》」以下にいる遊女で、料金が安いため、庶民の相手をすることが多かった。

端の遊女たちは、やがて「局《つぼね》」「端」「切見世《きりみせ》」に細分化される。局は狭くても自分の部屋を持っているが、端と切見世は客がつくと、廻し部屋という大部屋で衝立《ついたて》などで仕切って客の相手をした。端と切見世は大差がなく、容姿などの違いで区別されたという。

◉太夫、格子がなくなり「散茶」がトップに

この「太夫」「格子」「局」「端」「切見世」という遊女の階級は、新吉原に移転して新たな時代を迎えるとともに変化。格子と局の間に「散茶《さんちゃ》」が加えられた。散茶の大半は非公認の湯女《ゆな》風呂で働いていた女性たちで、お上《かみ》の取り締まりで吉原送りにされ、遊女となっていた。この散茶は吉原のしきたりなどお構いなしに、自分たちのやり方でサービスした。それが客の心をつかみ、人気が出たのだ。彼女たちは決して客をフラないことから、急須を振らなくても濃いお茶が出るという意味で「散茶」と呼ばれた。それに対し、散茶より安い局は散茶を薄めた「うめ茶（梅茶）」と呼ばれ、いつしか吉原の遊女の階級は「太夫」「格子」「散茶」「梅茶」「切見世」となったのである。

その後、大名や旗本の客離れが進み、豪華な衣装代や教養をつけるためのお稽古代を捻出することが難しくなったりしたことで、太夫の数は減っていった。新吉原へ移転してきた頃は30人ほどいたが、次第に減り続けて、18世紀になると太夫が一人もいなくなってしまう。

その結果、太夫と格子のランクがなくなり、再編成された階級では散茶が最上級の遊女となった。散茶は「呼出《よびだし》」「昼三《ちゅうさん》」「附廻《つけまわし》」に分かれ、今度はこの三つの階級が「花魁」と呼ばれたのである。

吉原遊女の階級と呼び名

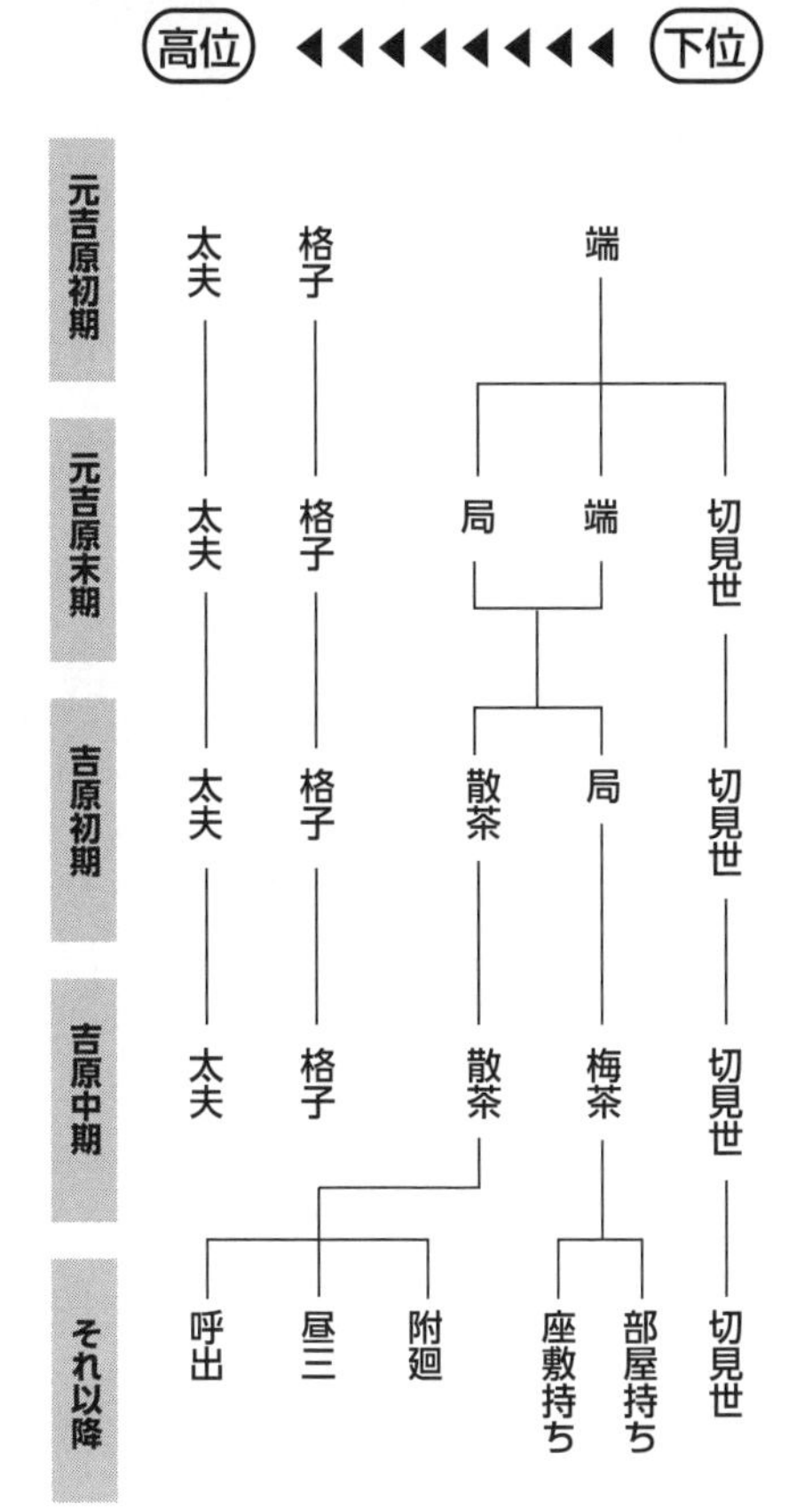

吉原の遊女は28歳で定年退職していた

◉吉原の遊女に熟女はいない？

吉原には絶世の美女タイプから教養のある知的美人タイプ、明るく愛嬌《あいきょう》のあるカワイイ子タイプ、豊満な肉体のムチムチタイプなどなど、さまざまな遊女がおり、男性たちから支持を得ていた。しかし、吉原の遊女が人気だった理由はそれだけではない。「若さ」も大きな魅力だった。

吉原を訪れると、客をとっているのは若い遊女ばかりで、年増《としま》はいない。熟女ファンにとっては残念だが、遊女の若さは多くの客を惹きつけた。

では、どのようにして若さを保っていたのかというと、実は、吉原では28歳定年制を採用しており、誰もが27歳いっぱいでお役御免となっていたのである。

現代の感覚では、28歳でオバサン扱いするのは失礼に思えるが、当時は「人生50年」といわれ、多くの女性が10代で嫁に行って子どもを産み、20歳を過ぎれば年増とされていた時代。28歳ともなれば、もはや客をとれないと思われても仕方がなかったといえる。

遊女は年季奉公《ねんきぼうこう》という建前で遊女屋に身を置いていたため、定年を迎えることを「年季明け（年明《ねんあ》き）」と呼んでいた。年季明けまでの期間は基本的に10年。幼い遊女見習い時代は期間に含めず、客をとりはじめてから10年で年季明けを迎える。ただし、年齢が高くなってから身売りして客をとりはじめた場合、10年未満であっても28歳になるタイミングで年季明けとなった。

◉年季が明けても幸せになれるのは一握り

年季明けを迎えた遊女は、晴れて自由の身となる。それまでは許されなかった郭《くるわ》の外に出られるのだ。ところが、ようやく郭から出られたとしても、幸せな人生を歩める女性は決して多くはなかった。

実は、年季明けとなっても、借金を返済できていなければ解放してもらえない。借金は身売りされてきたときのものだけでなく、遊女生活のなかでも積み重なっていくため、完済は難しいのだ。

そんな遊女は定年を迎えると、幕府非公認の遊里《ゆうり》である「岡場所《おかばしょ》」などに売られてしまう。岡場所は定年が33歳なので、5年は遊女生活が延びることになる。

借金を返済して年季明けを迎えたとしても、貧しい農村の親元に戻る女性はほんの一握りだったという。長い遊女生活で心身ともにボロボロになった女性が帰郷するのは簡単ではなく、それよりは将来を託せそうな男性と結婚することを望んだ。年季明けが近づくと、客のなかからよさそうな男性を見つけようとする遊女が珍しくなかった。

もちろん、梅毒《ばいどく》や淋病《りんびょう》などの性病におかされたり、労咳《ろうがい》（肺結核）などの伝染病に感染したり、あるいは過労で体を壊したりして、年季明けの前に亡くなる遊女も多かった。

吉原での遊女生活はよく「苦界《くがい》（苦海）10年」といわれたが、なんとか10年間を生き延びたとしても、その後に幸せになれる保証はなかったのである。

妓楼の経営者・楼主が「忘八」と呼ばれたわけ

◉裏方のトップ、楼主の仕事とは

吉原で働いていたのは遊女だけではない。遊女を支えるため、男女を問わず多くの人々が働いていた。遊女のように表に出る者もいれば、それを支える裏方もたくさんいたのである。

遊女を置いて客と遊ばせる遊女屋は、正式には「妓楼《ぎろう》」という。その妓楼のトップ、つまり経営者が「楼主《ろうしゅ》」である。

ふだん楼主は、妓楼の一階にある執務室兼応接間ともいうべき内所《ないしょ》におり、妓楼の管理や従業員への指示出しなどをしていた。その立場上、経営能力や管理能力が必要で、高級な妓楼の楼主ともなれば役人や文化人とも話ができる教養を持ち合わせていなければならない。

それだけに、さぞかしデキる人物が多かったのだろうと思いきや、周囲の評価は必ずしも高くなかったようだ。

楼主は世間では「忘八《ぼうはち》」と呼ばれた。忘八とは、仁・義・礼・智・忠・信・孝・悌《てい》の「八徳」を忘れるほど楽しい場所を与えてくれる人に由来する言葉とされ、一見、楼主をほめそやす呼称にも思える。だが実は、まったくの逆の意味なのだ。

◉やり手でも蔑まれた楼主

吉原において忘八という言葉には、遊女をこき使って絞り取るえげつない人物という意味が含まれていたといわれている。つまり、八徳どころか徳など何もない「人でなし」という意味で使われていたのだ。

たしかに時代劇などでは、楼主は遊女への折檻《せっかん》を命じたり、つらく当たったりする鬼のような人物として描かれるイメージが強い。

とはいえ、遊郭は女性を売り買いして成り立っている場所である。楼主が情に流されていては商売にならない。遊女をあくまで商品として扱う非情さ、つまり八徳を持ち合わせぬ冷酷な人でなければ務まらない。

実際、大文字屋という妓楼の初代楼主は、遊女たちの食費を削り、食膳には安いかぼちゃしか出さなかったと伝わる。その商魂と園芸を嗜《たしな》む風流心などのおかげか、店は大成功した。楼主は世間から非道ぶりを皮肉られ、「かぼちゃ」というあだ名をつけられてしまったが……。

楼主の多くは仕事ができた。しかし、どんなやり手であっても、しょせん忘八と陰口を叩かれて蔑《さげす》まれる存在だったのである。

遊郭に、なぜ子どもの「禿」を置いたのか？

◉遊女見習いとして育てられた

性風俗店にもっとも似つかわしくない存在といえば、子どもである。だが、吉原の妓楼では10歳未満の「禿《かむろ》」と呼ばれる女の子が、たくさん働いていた。もちろん、そんなに小さな子どもに客をとらせるわけではない。「苦界」と呼ばれる吉原も、さすがにそこまで鬼ではない。

妓楼に売られてくる娘のなかには、10歳未満の幼い子もいた。そうした女の子は妓楼で禿となり、何年もかけて教育を施され、一人前のプロの遊女へと育て上げられる。つまり、禿は遊女見習い、将来の遊女予備軍なのである。

ちなみに禿とは、江戸時代の幼児の髪形の一つ。前髪を短く切りそろえ、後ろ髪も結わずにそろえて垂らす髪型を禿といい、女の子のおかっぱを切り禿と呼んだことから「禿」となったそうだ。

妓楼に入ったばかりの禿は、まず禿時代に使う源氏名《げんじな》を与えられ、先輩遊女の下につかされる。先輩遊女は「姉女郎」と呼ばれ、上級遊女しかなれない。なぜなら姉女郎は、禿の衣装代や食事代などをすべて負担する必要があるからだ。ただし、遊女のランクが高ければ高いほどお付きにできる禿の人数も増え、ステータスとなったため、上級遊女は禿を抱えたがった。

禿は姉女郎の食事の給仕や着替えの手伝いなど、身のまわりの雑用をこなしながら、遊女としての立ち居振る舞いや吉原のルールなどを学んでいく。酌《しゃく》はしないも

吉原に生きた人々①

【楼主】いわゆるやり手の人物が
多かったが「忘八」と蔑まれた。

【禿】

道中ではこのよう
に着飾ったが
ふだんは質素。
7～8歳で売ら
れてきた者がなる。

【振袖新造】
振袖を着て
おり、将来の
花魁候補。
ふつうは
引っ込み禿が
なる。

年季が明けても
行くところがない
遊女がなる
ので30歳
以上の者が
多かった。

【番頭新造】

くのだ。

吉原という独特の世界に早くから身を置くことによって、その空間になじんでいくのだ。

ののの宴席に顔を出したり、花魁道中に付き従って盛り上げたりもする。

◉特別待遇の「引っ込み禿」とは

まだまだ幼い禿だが、彼女たちの立場もなかなかシビアだった。横一線のスタートではなく、禿の時点でランク分けされていたのである。

そもそも妓楼に入ったとき、楼主は多くの禿のなかから見目形《みめかたち》がよく、将来性がありそうな女の子を選び出す。そして、その禿は姉女郎につけずに自分の手元に置き、行儀作法などをみっちり仕込んだ。店にも出さない。この特別待遇の禿を「引っ込み禿」という。

引っ込み禿には遊芸や茶道などもいち早く学ばせるなど、将来は花魁にするべくエリート教育を施した。つまり、禿の時代から大切に育てられた者が花魁になれたのである。

これでは一般の禿が成り上がろうとしても太刀打ちできないが、そうした不平等も、遊女の世界では当たり前のものとして受け入れられていた。

姉女郎につく「新造」は三つのランクに分かれる

◉禿から「振袖新造」や「留袖新造」へ

禿も13～14歳になると、「新造《しんぞう》」という新たなステージに移る。遊女になる一歩手前の段階である。新造とは、もともと上流の商家の妻を意味する言葉だが、他人の若妻、さらには未婚の女性をさすようになり、遊郭では禿を卒業した娘を新造と呼んだ。

禿から新造へステップアップする際には「新造出《だし》」という儀式が行われる。それは、姉女郎が新しく自分の妹分として披露する形をとり、その費用は姉女郎持ちである。

まず10日前に、姉女郎の常連客からお歯黒の付け初《ぞ》めをしてもらい、世話になっている茶屋や妓楼に蕎麦《そば》を振る舞う。そしていよいよ新造出の日になると、姉女郎に新調してもらった衣装を身に着け、姉女郎に連れられて仲の町を歩きながら、各所にお披露目をしてまわるのである。

この儀式を経て正式に新造となるのだが、新造は「振袖《ふりそで》新造」「留袖《とめそで》新造」「番頭《ばんとう》新造」の三つに分かれていた。

◉番頭新造は「新造」なのに年増?!

振袖新造は、禿のなかでも有望な者のみがなれる遊女見習いだ。あくまで見習いなので客はとらず、振袖を着ていたため振袖新造と呼ばれた。先に述べた引っ込み禿が振袖新造になることが多く、遊女デビューしたあとは自動的に中級ランク以上の遊女になる。将来の花魁候補だ。

留袖新造は袖を留めた留袖を着ていたため、そう呼ばれた。振袖新造になれなかった禿や、10代で吉原にやってきて禿としての教育を受けていない者がなり、遊女見習いをしながら客をとることもあった。17歳で正式な遊女となったときには、中級ランク以下からの出発となる。

最後の番頭新造は、振袖新造や留袖新造とは少し違う。遊女稼業を引退した女性、つまり年季明けで行き場を失った年増の女性などがなるのだ。自由の身になったものの、30歳間近でまったく知らない外の世界で新しい仕事をする気にはなれなかったのだろう、自ら吉原に残る女性が多かった。

番頭新造は客をとらず、もっぱら上級遊女の世話や外部との交渉事などマネージャーのような仕事に従事した。

番頭新造は遊女としての経験が豊富で、海千山千《うみせんやません》の吉原を生き抜いたツワモノたち。しかも、若い遊女からすれば、ライバルとして張り合う必要もないため、何かと頼りにされる存在だった。

このように、ひと口に新造といっても遊女予備軍から遊女を卒業した女性まで、さまざまだったのである。

妓楼と客との間で奮闘するのが「遣手」

◉楽しく遊べるかどうかは遣手次第

吉原には、女性ならではの大切な役回りがほかにもあった。それは「遣手《やりて》」である。遣手は主に客との交渉事を担《にな》う。先に述べた番頭新造に似ており、遊女稼業を引退して、そのまま遊郭に残った30歳以上の女性がつとめることが多かった。

妓楼にやってきた客が遊女を指名して部屋に入ると、そこで遣手が登場する。遣手は客に対して酒や料理をどうするか、芸者衆を呼ぶかどうか、何時までいるのかなど、遊び方やスケジュールを細かく決めていく。

吉原での揚代《あげだい》（遊び代）は基本的には決まっている。しかし、すべての料金は値段があってないようなもので、遣手との交渉次第という側面があった。

遣手は吉原を生き抜いてきたタフな女性たちで、客にとっては一筋縄《ひとすじなわ》ではいかない厄介な相手である。しかし、吉原で楽しく遊べるかどうかは遣手次第でもあるから、通いなれた客は遣手にチップをはずんで、うまく事を運んでもらった。

遣手のほうも長年の経験とカンで客の良し悪《あ》しを見分け、カモと見た上客を厚遇する一方、そうでない客は冷たくあしらうなど、自分のチップ稼ぎにも余念がなかった。まさに〝やり手〟である。

客側も、遣手の守銭奴《しゅせんど》ぶりにはうんざりしていたらしく、「やり手なのにもらいたがって困る」と皮肉って、あざ笑っていたという。

◉遣手は遊女のお目付け役でもあった

そんな遣手は、遊女にとっては怖い存在だった。なぜなら、遊女の監督や教育をするお目付け役としての役回りも受け持っていたからである。

遣手は遊女上がりの知識や経験を生かして、客に気に入られる技やあしらい方などを現役の遊女たちに指導した。指導といえば聞こえがいいが、実際にはガミガミ口うるさく、ときには激しく叩くなど、容赦なく折檻《せっかん》に及ぶこともあった。そのため、遣手は地獄の番人である「花車《かしゃ》」にたとえられ、遊女たちからは目の敵《かたき》にされていたという。

また、遊女たちが勝手な行動をしないか見張る役目も担ったため、遊女にとってはとかく目障《めざわ》りな存在だったに違いない。

かつては自分が遊女＝商品として扱われてきた遣手は、今度は遊女を、稼ぐための道具としてしか見ていなかったのである。

番頭から不寝番まで、男の働き手も多かった！

◉郭と遊女たちを支えた「若い衆」

吉原という女性だらけの世界には、男性の従業員も欠かせなかった。遊女たちを支えるべく、裏方として働いていた人々である。

妓楼で働く男性の従業員は「若い者」「若い衆」、あるいは「雇い人」などと呼ばれていた。みな若い男性のように思えるが、必ずしも若者ではなく、60代でも「若い者」と呼ばれた。

吉原に生きた人々❷

【番頭】
大福帳
【遣手】

遊女の紹介や取り次ぎ、花魁道中に加わるなど多岐にわたる仕事をこなした。
【見世番】
【不寝番】
大引け(午前2時)の拍子木を打ったり、部屋をまわって行灯の油をさしたりする。

若い者の筆頭が金庫番の「番頭」である。従業員の監督や物品の購入、客の良し悪しの見定めなど、楼主の補佐役的な仕事を幅広くこなす。そうした役回りだからか、楼主に負けず劣らず威張っており、使用人たちは番頭が出入りするたびに、平身低頭して対応しなければならなかったという。

そんな番頭の下に、多くの従業員がついていた。

表通りで「いい子がいるよ。遊んでいって！」と客の呼び込みをするのが「客引き」である。客が案内に誘われて妓楼にいくと、店の前に「見世番」がいる。客におすすめの遊女を紹介したり、相手が決まっている客の取り次ぎをするのが仕事だ。ちなみに、花魁道中で箱提灯《はこちょうちん》や傘を掲げて行列に加わるのも見世番の役割だった。

店に入った客を迎え、その履物を預かるのが「下足番」。客を部屋へ案内するのが「二階廻し」である。二階廻しは遊女が客の相手をする二階を仕切った。宴席の世話や集金を行ったり、客と遊女が気持ちよく過ごせるよう世話を焼いたりするので機転が利く人が求められた。

◉郭内での色恋沙汰はご法度だった

「雇い人」と呼ばれる裏方の従業員も重要である。

郭内で働く人のまかないをつくるのが「料理人」である。客の豪華な料理は仕出し料理屋から取り寄せたが、酒の肴《さかな》などのおつまみ程度のものは料理人が作って出していた。

そのほか、遊女が入る内湯の風呂を焚《た》く「風呂番」や、掃除や力仕事などの雑用一切をこなす「中郎《ちゅうろう》」などがいた。

「不夜城」といわれた妓楼ならではの仕事が「不寝番《ねずのばん》」である。深夜、火の用心を促して拍子木《ひょうしぎ》を打ちながら二階を巡った。この不寝番にはもう一つ大切な仕事があり、遊女たちの部屋に入り、行灯《あんどん》に灯油をさしてまわったのである。彼らは客がいようがいまいがずかずかと部屋に入って油をさし、一方で遊女が逃亡しないか、客と心中しないかを見張っていた。

ところで、女性を売り物にする遊郭に、男性の従業員がこれだけ多くいれば、遊女との間違いも起こりそうである。遊女はあくまでも商品であり、遊女との職場恋愛は厳禁とされていたが、理屈が通用しないのが恋というもの。若い男女が恋に落ちてしまうこともあった。

遊女との色恋が発覚すれば、二人ともにきついお仕置きが待っている。遊女は下級ランクの妓楼へと追いやられ、男性は吉原から追放された。

「芸者」は遊郭に欠かせない盛り上げ役

◉体を売らず、芸に徹した吉原の女芸者

遊郭を訪れた客は、遊女と床入りする前に宴会をひらき、飲食をする。そのとき、座敷の盛り上げ役として活躍したのが「芸者」である。

吉原で働いていた芸者には、妓楼に所属している芸者（内芸者）と、見番《けんばん》と呼ばれる事務所から派遣されてくる芸者の二つのタイプがいたが、どちらも仕事の内容は同じ。三味線など歌舞音曲《かぶおんぎょく》で座敷の雰囲気を盛り上げることである。

もともと吉原の芸者は男性が多かった。しかし、深川《ふかがわ》などで女芸者が人気を博したため、吉原でも女芸者を出すようになる。すると、今度は女芸者と寝ることを目当てにやってくる客が増えたが、吉原の女芸者はあくまで雰囲気づくりに終始。体を売ることはしなかった。内芸者は、よその店に出向くこともしなかった。

見番もまた、芸者による座敷での売春には厳格に対処した。見番に所属している芸者を派遣するときは、必ず二人一組で、客と深い関係になるのを防止した。万一のことがあった場合は、解雇という厳しさである。

吉原に生きた人々❸

【太鼓持ち】

【女芸者】

吉原の芸者の評価が高かったのは、あくまで裏方に徹したことも大きい。遊郭の主役は遊女と心得て、遊女より目立つ芸事も格好もしなかったのである。その控えめで盛り上げ役に徹する姿勢が、プロの仕事として高く評価された。

◉盛り上げ役といえば「幇間」

座敷の盛り上げ役としては、芸者だけでなく「幇間《ほうかん》」の存在も見逃せない。幇間は「太鼓持ち」とも呼ばれ、ひょうきんなキャラクターで面白い話を披露したり、歌ったり、踊ったりして客席を盛り上げる。

見番に所属して座敷に派遣される者

と、見番に属さない「野太鼓《のだいこ》」と呼ばれる者がいたが、見番所属の幇間が多かった。幇間には市井《しせい》で働いている者も大勢いたが、そうした幇間はおべっかを使うだけで、お金をせびる輩《やから》が少なくなかった。その点、吉原の幇間の気働きは大したもので、世間では「吉原の幇間こそが一番」と評価されていたのである。

遊女にとって恐怖の日「紋日」とは?

◉料金が倍になる特別営業日

吉原には、さまざまなオキテがあった。その代表例の一つが「紋日《もんび》」と呼ばれる特別営業日である。

紋日に当たるのは正月、3月3日や5月5日などの五節句《ごせっく》、江戸時代の祝日の八朔《はっさく》(8月1日)、毎月の1日や15日などで、その日の料金はいつもの倍に設定された。

「晴れの日」ということで、遊女たちは特別な衣装を着たり、灯籠を飾って踊りを披露するなど、趣向を凝《こ》らしたイベントを開催する。ふだんよりも華やかで、雰囲気も盛り上がるが、料金が倍とあっては、客は手放しでは喜べない。現代において、正月やゴールデンウイーク、盆休みなどの旅行で諸々の費用が高く設定されるようなものだ。

◉客がつかなければ自腹で揚代を払うハメに

富豪ならば紋日で料金が倍でも、問題ないかもしれない。しかし、そうでない客はできるだけ紋日を避けようとした。

これに困ったのが人気のない遊女である。というのも、紋日に客をとれなかった遊女は、決められた揚代を自分で工面《くめん》して支払わなければならなかったからだ。

紋日であっても、売れっ子の遊女なら、ひと声かければなじみの客がすぐに来てくれるので売上が減る心配をしなくて済む。なかにはその遊女と寝ることはせず、料金だけ払ってくれる上客もいた。人気者の特権である。

しかし、そこまで売れていない遊女はそうはいかない。彼女たちは、どうにか客に来てもらおうと、せっせと営業に励んだ。客のほうも、なじみの不人気遊女に喜んでもらいたくて、少々無理をしてでも通おうとした。

とはいえ、不人気遊女についている客は多くない。義理で通ってくれる客がいたとしても、紋日は月に2回あるのが当たり前で、3～4回ある月もあるから、毎回来てもらうのは至難の業《わざ》だ。

結局、必死に営業しても客を呼べなかった遊女は、楼主に金を工面してもらうしかなく、また借金を積み重ねることになった。

吉原のなかには、上客がついて羽振《はぶ》りよく生活している遊女と、ろくな客がつかず借金を重ねて苦労している遊女がいた。その格差が紋日のせいでますます大きくなっていったのである。

やらかした遊女を待っていたキツイ「折檻」とは

◉叩く、食事抜き、水責めも

さまざまな場面でパワハラが問題になっている現代の日本では考えにくいことだが、吉原の遊女は「折檻《せっかん》」という名のひどいパワハラを日常的に受けていた。ひと昔前の時代劇でよく見るアレである。

客がつかない、客を不快にさせたといった仕事上の問題から、寝相が悪い、気が利かない、部屋が汚いなどの生活上の問題まであげつらわれ、叩かれた。素手ならまだしも、キセルやハタキで叩かれる。

叩くだけではない。食事を与えない、眠らせない、真夏に押し入れに閉じ込めて蚊にくわせるなど、折檻の方法はいくらでもあった。遊女を裸にして縄で縛り、水をぶっかける「水責め」も行われた。これは縄が水分を吸って肌にぐいぐい食い込み、ついには死に至ることもある過酷な折檻だ。

日常生活でやらかしたときの折檻がこれほどひどいのだから、店の男衆との密通がバレて逃亡する、客と駆け落ちする、借金を返済し終える前に脱走する、などのタブーを犯した場合は、もっと残酷な折檻が行われた。

◉脱走を企てた遊女には「つりつり」の刑

そもそも吉原では、遊女の脱走は大問題と考えられていた。遊女屋側としては手間隙《ひま》をかけて育てた遊女に逃げられては大きな損害になるし、遊女に逃亡されることは管理不行き届きで恥と考えられていたため、脱走が明らかになれば、男衆が中心になって必死に捜しまわったのである。

吉原からの脱出方法としては、男性に変装して番人のいる吉原の大門《おおもん》から出るとか、郭を囲む高い黒塀を乗り越えてお歯黒どぶを渡って逃げるといったやり方があるが、追っ手から逃げ切るのは非常に難しく、たいていはすぐに捕まって連れ戻されてしまう。そして捕まれば地獄の折檻である。

お歯黒どぶとを隔てる黒塀を越える遊女と情人。

このときに行われたのが、遊女を裸にして両手両足を四つ手に縛り、梁《はり》から吊るして棒で打ち据える「つりつり（ぶりぶり）」という残虐なリンチ。これには見せしめの意味もあったので、死んでもお構いなしだった。

折檻をするのは楼主やその妻、遣手、男衆など。とくに遣手は同じ女性ながら容赦なく折檻をした。

こうした事態を恐れた遊女たちは、客と駆け落ちしても逃げられないとあきらめ、心中《しんじゅう》を企てることも珍しくなかった。しかし、死に損なってしまうと、やはり凄惨《せいさん》なリンチを受けたのである。吉原では、心中するのも簡単ではなかったのだ。

不景気のときは遊女がディスカウントされていた！

◉不景気で苦境に陥った吉原

吉原で楽しく遊ぶためには金がかかる。大名や豪商、文化人などの富裕層は別にして、一般庶民にとっては敷居が高く、吉原の遊女は高嶺《たかね》の花だった。妓楼の側もプライドが高かった。決して安売りせず、客に伝統としきたりを理解させ、格式を保っていた。そんなプライドの高さもまた魅力であり、その格式を好む客もいたのだが。

ところが18世紀末になると、吉原に不況の波が押し寄せ、プライドだのなんだのと言っていられない状況になってしまう。不況の直接の原因は、幕府の改革である。時の老中・松平定信《まつだいらさだのぶ》は寛政《かんせい》の改革を行い、商人の台頭を押さえ込んだり、困窮する武士を救済するために棄捐令《きえんれい》を出して旗本・御家人の借金を棒引きにさせたりした。その結果、経済は混乱し、不況が到来。吉原でも太客《ふときゃく》の姿が消え、往時の賑わいはすっかり失われてしまったのである。

そこで吉原は、プライドを擲《なげう》つ覚悟を見せる。なんと花魁の価格を値下げしたのである。花魁は吉原の顔。それを安売りしたということは、どれほど危機的な状況だったかがわかるだろう。

花魁は衣装代などに膨大な金をかけていたから、ディスカウントされたことでクオリティの維持が次第に難しくなっていった。

◉遊女のディスカウントセール再び

吉原は19世紀半ば、江戸時代末期にも深刻な不景気に襲われる。ペリー来航の少し前のことである。

当時は江戸の街全体が不景気で、町人たちが吉原遊びに使える金もめっきり減っていた。そのうえ、吉原より安く遊べる非公認の遊里・岡場所《おかばしょ》（178頁参照）があちこちにできていたため、吉原の収益は激減した。

追い込まれた吉原は、客を呼び戻すためにショック療法ともいうべき策に出る。またも、遊女のディスカウントを敢行したのである。

たとえば、万字屋という妓楼はいっさいの遊女の大幅値下げを断行した。当時のチラシによれば、最高級の遊女の値段は25％オフ、それ以外の遊女はなんと50％オフの半額セール。

さらに引手茶屋の仲介なしで直接来店ＯＫ、祝儀の金額も客次第と、まさに「その値段ぽっきりで遊べる」状態にしたのだ。

それだけではない。長年の慣例を破り、客が遊女を気に入らない場合は何度でもチェンジ可能にした。ひと昔前ならば考えられないサービスである。

このあまりにも衝撃的な内容に、江戸ではちょっとした騒ぎになったが、妓楼側のもくろみは大当たり。それまでは敷居が高くて吉原に縁のなかった庶民の客が大勢押し寄せた。まもなく、ほかの妓楼も値下げに踏み切り、吉原全体で値下げ合戦が始まった。

わりをくったのは遊女である。いわば薄利多売《はくりたばい》で、同じように働いても儲けは少ないのだから、毎日がつらくなるだけだった。ディスカウントで遊女屋は危機を脱しても、その負担は遊女が負わされることになったのである。

岡場所で検挙された遊女は「吉原送り」の刑に

◉検挙後は、吉原でタダ働きさせられた

江戸の街には遊女がたくさんいたが、お上に認められていたのは吉原の遊女だけである。

幕府が吉原遊郭の設置を認めたとき、「吉原以外の遊女屋（妓楼）はいっさい認めない」と宣言しており、非公認で営業している岡場所の遊女は取り締まりの対象となった。

では、検挙された場合はどうなったのかというと、岡場所は取り潰され、そこで働いていた遊女は江戸から追放されるか、「吉原送り」にされた。

吉原送りとは、非公認で売春した罰として、吉原で5年間（のちに3年間に短縮された）、遊女としてのタダ働きを強制すること。1665（寛文《かんぶん》5）年には「江戸市中の私娼《ししょう》を捕らえて吉原に送る」という内容のお触れが出されているため、その頃から吉原送りが行われていたことがわかる。

幕府としては、この刑罰に「吉原の商売の邪魔をしたのだから、そのぶん働いて返せ」という意味合いを含ませていたのだろうと考えられる。

こうして吉原送りになった遊女は「奴女郎《やっこじょろう》」と呼ばれた。もともと吉原では、不義密通をしたために吉原で働かされることになった女性を「やっ子」と呼んでおり、そこから「奴女郎」になったといわれている。

◉遊女屋による入札で所属が決まる

ところで、妓楼の側にとってみれば、吉原送りの制度はありがたいものだった。通常なら、安くない金を出して素人《しろうと》の娘たちを買い集め、一から教育しなければならないが、経験者をただ同然で仕入れることができるからだ。これほどうまい話はない。

ただし吉原にはたくさんの妓楼があり、勝手気ままにさせると奴女郎の争奪戦が起こるなどの混乱が予想されたため、入札制度が設けられた。

すなわち、吉原送りになった奴女郎たちは、まずくじ引きによって各町に預けられ、妓楼が入札。もっとも高い値段を提示した妓楼が引き取った。入札金は吉原全体の資金となり、諸費用として使われたという。

奴女郎は下級の遊女として扱われ、酷使されることになった。ただし、全員がその限りではなく例外もあったようだ。

18世紀初頭、深川で115人もの遊女と芸者が捕まり、吉原送りとなったときには、上級遊女として扱われた者が15人いた。また、湯女風呂《ゆなぶろ》で人気を博していた勝山《かつやま》という遊女は、吉原送りになったあと、太夫にまでのぼりつめている。これなどは実力で出世した例だろう。

「不持」「板舐め」「ぐずろ兵衛」…遊女が使った隠語

◉隠語なら言いにくいことも言える

「今夜のお客は板舐《いたな》めよ〜。まいっちゃう」

吉原をはじめとする遊郭では、こんな言葉が聞こえてくる。「板舐め」とは、アソコのサイズが規格外の客のこと。つまり、男根の先が床板に触れるほど長いという意味なのである。

この「板舐め」は遊郭の隠語。こうした遊郭ならではの隠語はいくつもあった。たとえば「浅黄裏《あさぎうら》」はよく知られている。参勤交代で田舎から出てくる武士たちは裏に浅黄色の裏地がついた着物を着ていた。そこから「浅黄裏」といえば、野暮ったい男の代名詞のようになった。

「不持《ふもち》」は文字どおり、モテない客のこと。「ぐずろ兵衛《べえ》」は老人の男根のことで、年のせいでなかなか勃起せず、グズグズしているというのが語源だ。高齢でなくても勃起しない男根は「ぶら提灯」と呼ばれた。イチモツが垂れさがっているという意味だ。

包茎の客は「箒《ほうき》の客」と呼ばれていた。これは箒の柄《え》と掃く部分に布が巻かれていたためで、布をかぶっている＝皮をかぶっているとなったわけだ。

◉惚れた男は「猫」で、恋人は「間夫」

遊郭で使われた隠語はまだまだある。

たっぷり金を持っていて、大散財してくれる客は「大尽《だいじん》」。大尽に連れられてやってくるスポンサー付きの客は「神」と呼ばれた。人の金でたっぷり遊べるうらやましい存在であり、まさに神様のようなご身分というわけである。

遊女が惚《ほ》れた男は「猫」と呼ばれるのに対し、恋人のことは「間夫《まぶ》」と呼ばれた。歌舞伎『助六』では、間夫の助六が罵倒《ばとう》されたとき、遊女・揚巻《あげまき》は「間夫がなければ女郎は闇《やみ》」とまで言っている。間夫がいるからつらい勤めにも耐えられるのだ。なお、間夫は「間男《まおとこ》」という言葉の語源といえるだろう。

女性器をさす隠語もあり、それが「毛饅頭《けまんじゅう》」「饅頭」である。「一万石」といえば女性の陰毛のことで、どうやら稲穂から来た隠語らしい。

その「一万石」をきちんと整えることを「摘み草」といった。男根と陰毛がこすれ合ってケガをしないよう、遊女は常日頃から陰毛を短く整えていて、それを「摘み草」と呼んでいたわけである。

こうした隠語は、その業界の人間にしかわからない。遊女は隠語を数多く使うことで、仲間内などで気楽に客の噂話ができたのである。

三章 吉原で遊ぶ人の心得

アクセスから相場、マナーまで

いざ吉原遊郭へ！ どのように行ったらいい？

江戸時代につくられ、幕府公認の遊郭としては最大規模を誇った吉原。その華やかな世界へ行くには、いくつかのルートと交通手段があった。

そもそも吉原（新吉原）は、江戸の中心から離れた辺鄙《へんぴ》な場所に位置しており、決してアクセスがいいとは言えなかった。しかし、当時の人々は遊女と過ごす楽しい時間に思いをはせ、途中の道すがらを楽しみながら吉原通いを続けていた。

◉吉原へ向かう四つのルート

そのルートは大きく四つに分けられる。
①駒形から馬道と呼ばれる道を隅田川（大川）沿いに進んで日本堤《にほんづつみ》に出る道、②浅草の浅草寺《せんそうじ》裏門から北上して日本堤に出る道、③上野の東側を北上して日本堤の西に位置する三ノ輪《みのわ》に出る道、④舟で隅田川を遡《さかのぼ》って山谷堀《さんやぼり》の船宿へ上がり、日本堤を歩く道だ（31頁、44〜45頁の図も参照）。
どのルートでも日本堤に出ることになるが、たとえば③のルートは利用者が少なかったため、知り合いにばったり出くわすリスクを回避できるメリットがあった。

新吉原周辺の図

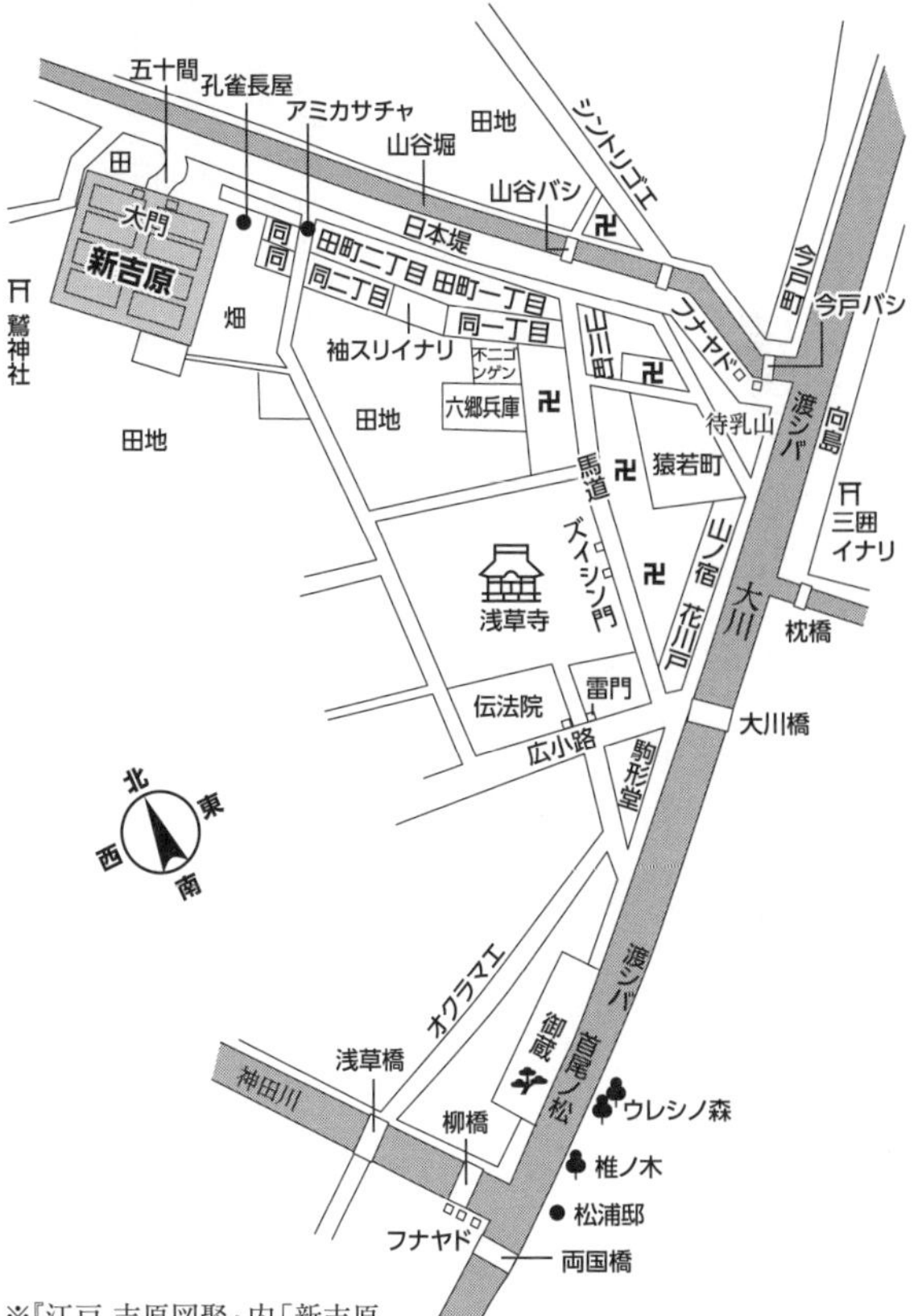

※『江戸 吉原図聚』内「新吉原付近の図」を参考に作図

◉貧乏人は徒歩で、金持ちは乗り物で

次に、交通手段に関しては徒歩のほか、馬や駕籠《かご》、舟などが利用された。なけなしの金を握りしめて遊女に会いに行くような一般の客は、馬や駕籠を使えず、吉原までせっせと歩いた。一方、金に余裕のある裕福な客は馬、駕籠、舟を使って吉原に向かった。

馬は元吉原の時代によく使われた。当時の客は武士が多かったため、馬が好まれたのである。白い馬に乗り、白革の袴《はかま》に白鞘の刀などを合わせたスタイルが伊達《だて》とされ、白ずくめで吉原へと向う人の姿が見られた。

料金は日本橋あたりから七五〇文（約1万5000円。以下、貨幣価値は文化《ぶんか》・文《ぶん》政《せい》期のものを現在に換算する）、浅草御門から五〇〇文（約1万円）ほどだったという。

元禄《げんろく》時代（1688～1704）以降、馬が使われなくなると、駕籠を利用する人が増えた。吉原通いに使われた駕籠は、通常の駕籠についていた小窓のない「吉原駕籠」と呼ばれるもので、日本橋からの料金はおよそ二朱《しゅ》（約1万6000円）ほど。急いでいるときには担《かつ》ぎ手を通常の二人から三人にすることもできたが、当然、追加料金（一朱）が必要になる。

舟も元禄時代以降に主となった交通手段だ。吉原通い用の舟は猪《いのしし》のように猪突猛《ちょとつもう》

吉原駕籠と猪牙舟

顔バレを防ぐために吉原駕籠には
小窓がついていなかった。
細長い猪牙舟は引っくり
返りやすかったので
乗るにはコツがあった。

進《しん》で目的地へ向かうことから「猪牙舟《ちょきぶね》」と呼ばれ、速ければ速いほど喜ばれた。

料金は、柳橋から山谷堀前までで一四八文（約2960円）。屋根舟なら三〇〇文（約6000円）と、ほぼ倍の価格になる。舟の利用者は、船宿で軽く一杯飲んでから出発したり、途中の景色を眺めたりしながら、急ぎつつも風流を楽しんでいた。

このように吉原へのルートや交通手段はさまざまだが、何を利用するにしろ、多くの客は道中にも風情《ふぜい》を求めた。その道筋の景観に「首尾《しゅび》の松」「嬉《うれ》しの森」「見返り柳」といった風流な名前がつけられたのも、そうした気持ちを表すものといえるだろう。

大見世、中見世、小見世…懐に合った遊女屋を選ぶには

◉三つのランクの見世がある

吉原に着いたら、さっそく相手をしてくれる遊女を探すことになる。

遊女を置いている遊女屋を「妓楼《ぎろう》」というが、一般には「見世《みせ》」と呼ばれていた。見世は大きく三つにランク分けされており、そのランクによって遊女の質と料金は大きく変わった。

最上級にランクされていたのは「大見世《おおみせ》」だ。浮世絵などに描かれるレベルの上級遊女が在籍しているのは大見世であることが多い。

ただし、大見世の数自体は少ない。いつの時代も、せいぜい6～7軒しか存在していなかった。

気になる大見世での遊び代は、通常二分以上。現在の貨幣価値に置き換えると6万5000円といったところだが、これが最低金額であることを忘れてはいけない。大見世は上客のための特別な見世。ここにさまざまな経費が加算されて、心ゆくまで遊ぶと膨大な額になるのだ。

◉番外編に「切見世」も

大見世の次にランクされるのは「中見世《なかみせ》」である。大見世の数が6〜7軒とすれば、12〜13軒が中見世だった。

中見世では遊び代が二分以上かかる遊女と、二朱程度で済む遊女が混在していた。二朱は現在の貨幣価値で1万6000円程度。自分の懐《ふところ》具合と相談して高い遊女にするか安い遊女にするかを選ぶことができる。そういう意味では、遊びやすい見世といえる。

中見世の次には、吉原すべての見世の約9割を占める「小見世《こみせ》」がくる。小見世は遊び代が一律一分、現在の貨幣価値で約3万2000円程度の遊女だけを在籍させている見世や、昼夜問わず一律二朱といった均一料金の見世などがあった。

ここまでが吉原の主要な見世となるが、さらに下のランクに「切見世《きりみせ》」もあった。切見世は安いだけが取り柄の見世。お歯黒どぶ沿いの河岸《かし》に置かれていることが多い。一日の総売上がわずか一〇〇〇文、現在の貨幣価値で、約2万円程度にしかならない庶民的な見世だが、それなりにニーズがあった。

大見世の上級遊女にお目にかかるか、小見世の遊女に楽しませてもらうか、それとも切見世でガマンしておくか。どこで遊ぶかは、客の懐具合次第である。

遊女屋のランクはココを見れば一目瞭然！

◉パッと見で見世のランクがわかる

吉原の見世は、大見世・中見世・小見世、そして切見世とランク分けされている。そのことを理解していても、初心者にとっては、どこが大見世で、どこが中見世、どこが小見世なのか、判別するのは容易ではなかった。

ふつうに考えれば、大きな敷地と立派な建物の見世が大見世で、ランクが下がれば下がるほど建物も貧相になるはずだが、見世のランクと建物の見た目が異なるケースもあった。

遊女と遊び終え、料金を支払う段になって、「お金が足りない……ここは小見世じゃやなかったの?!」ということになれば、目も当てられない。現地で見世のランクを見分ける方法はなかったのだろうか？

実は吉原には、見世のランクが一目瞭然《いちもくりょうぜん》になるシステムが存在した。それは格子《こうし》の形である。

吉原の遊女たちは、通りに面した格子のある部屋で客待ちをしていた。客は格子

格子の形でわかる妓楼（見世）のランク

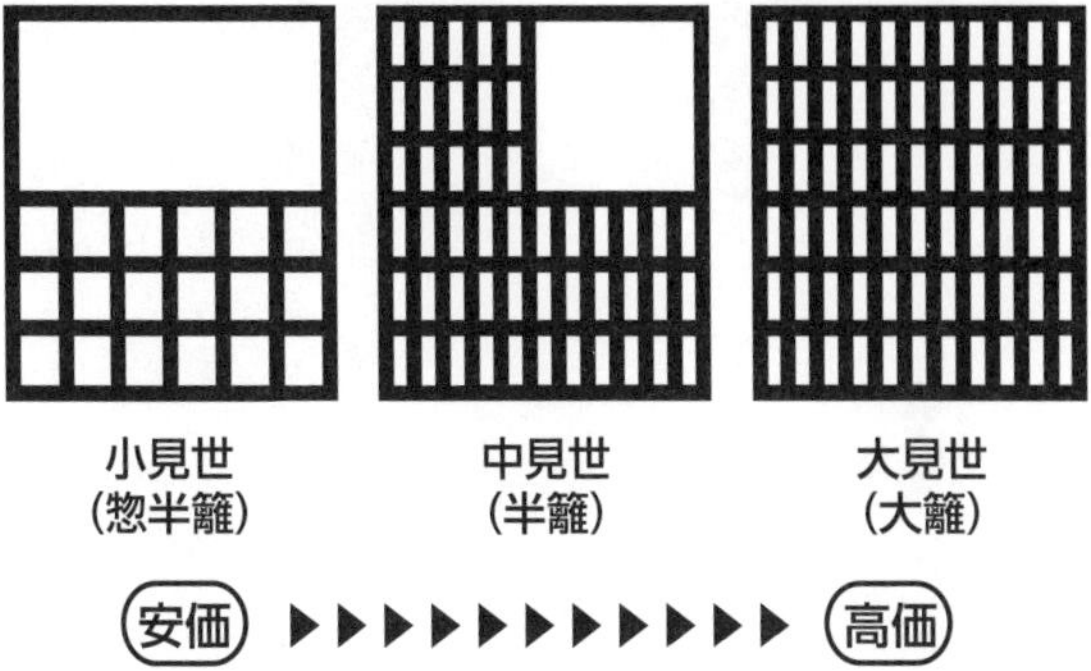

半籬の中見世の様子

越しに遊女を見定め、気に入った遊女を選ぶ。この格子の形が見世のランクを知らせてくれているのだ。

◉ポイントは格子の形

まず大見世の場合、非常に細かい格子が上から下までついている。これを「大《おお》籬《まがき》」といい、大籬が最上級の証拠となる。

中見世の場合は、格子の一部が素通しになっている「半籬《はんまがき》」、小見世の場合は、格子は下だけで、上半分は素通しになっている「惣半籬《そうはんまがき》」である。

格子の形だけでなく、升目《ますめ》も見世のランクの判断材料になる。格子の升目の大きさは上等な店ほど小さく、安い店ほど大きいのだ。

このようなつくりにしているのは、見世の営業戦略だった。たとえば、大見世の上級遊女が小さな升目によって顔を見えにくくしていれば、客としてはますます顔を見てみたくなる。好奇心をくすぐり、客をつかまえようというのだ。

人気のある遊女を部屋の一番後ろの中央に座らせ、前のほうに不人気の遊女を座らせるのも、同じような効果を狙ったものと考えられている。

初心者の強い味方「ガイドブック」の中身とは

◉『遊女評判記』にはアソコの形まで書かれていた?!

何事に関しても、初心者にとってガイドブックほど心強いものはない。ガイドブックは未知の領域に足を踏み入れる者をやさしく導いてくれる。たとえば、はじめて風俗店で遊ぼうとする人は、インターネットで調べるか、「優良店ガイド」の類いを読み込んで、好みの女性を探すだろう。

では、江戸時代の遊郭初心者はどうだったのか？　19世紀前半〜中頃、最盛期の吉原には7000人以上の遊女がいたとされる。そのなかから、なんの手がかりもなく相手を選ぶのは困難だ。そこで吉原初心者の多くは、やはりガイドブックを頼った。そう、江戸時代の吉原にも遊女選びの案内書が存在していたのである。

有名どころでは『遊女評判記』があげられる。これには吉原遊郭の沿革や地理、人気の上級遊女に関するコメントなどが詳細に書かれていた。遊女の容貌や性格はもちろん、アソコの形にまで言及しているものもあった。

吉原だけでなく各地の遊郭の評判記があり、その数はわかっているだけで200

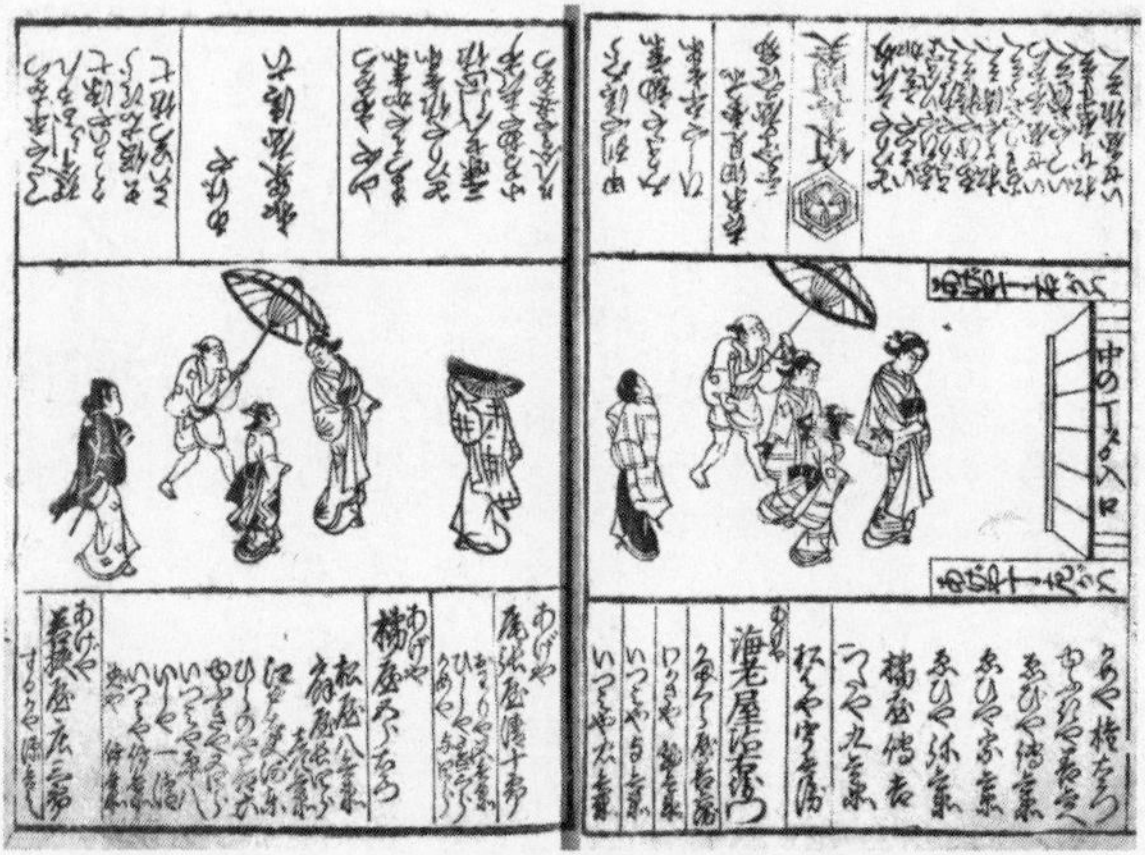

吉原のガイドブック『吉原細見』。図は1740(元文5)年のもの。

近くに及ぶという。

◉吉原のことがなんでもわかる『吉原細見』

吉原のガイドブックなら、『吉原細《さい》見《けん》』にも触れないわけにはいかない。江戸時代を代表する出版業者・蔦屋《つたや》重三郎《じゅうざぶろう》が手がけたもので、最初は毎年、やがて春と夏の年2回発行された。

その内容は、吉原の遊女の名前、年齢、料金はもちろん、遊女についている新造《しんぞう》や禿《かむろ》、遣手《やりて》の名前までを記載していた。さらに吉原の各所を記した地図や祝祭日、年中行事も紹介されており、まさに「初心者必携」のガイドブックだった。

そのため、吉原の初心者から常連客、

さらに吉原に通えそうにない貧乏人までもが『吉原細見』を手にとった。あまりの人気ぶりから髪結床《かみゆいどこ》にも置かれていたという。

『吉原細見』は江戸土産としても人気が高く、吉原に行くことがないはずの地方の住人にまで広がった。もはや遊郭のガイドブックという枠を越えている。

遊女からすると、知らぬ間に品定めされるのは本意でなかったかもしれない。しかし、『吉原細見』に載ればステータスになり、アピールできたため、そう悪い気はしなかったのではないだろうか。

懐に余裕があるなら「引手茶屋」を頼るべし

◉大見世に上がる＝引手茶屋を通す、というルール

現代の性風俗街には案内所がある。来店した客をピンクサロンやファッションヘルス、ソープランドなどの店に案内したり、オススメの風俗嬢を紹介したりしてくれる業者だ。この案内所によく似た業者が、江戸時代にも存在した。その名を「引《ひき》手茶屋《てぢゃや》」という。

四郎兵衛会所の隣に七軒並ぶ茶屋が、もっとも格式の高い「七軒茶屋」である

（45頁参照）。それなりにお金に余裕のある客にとって、引手茶屋ほど使い勝手のいいものはない。なにせ、引手茶屋を通せば、客の希望や予算に応じた見世や遊女を紹介してくれるし、必要に応じて見世までついてきて面倒を見てくれるのだ。

つまり見世まで同道すれば、芸者や幇間《ほうかん》の手配から料理の手配までを代わりにやってくれる。そして客と遊女が床入りする寸前まで見届け、翌日、引手茶屋に戻れば朝ごはんを出してくれる。

また、引手茶屋に頼めば気に入った遊女を呼び出し、茶屋で酒宴を楽しんだあと、一緒に見世へ向かうこともできた。いわゆる同伴出勤だ。上級遊女が在籍する大見世や中見世に上がるには、引手茶屋を通さなければならないというルールもあったから、客としては、引手茶屋を使ってなんぼという意識があったかもしれない。

◉支払いも、茶屋を通せば超便利！

引手茶屋に関しては、支払いの便利さも見逃せない。客は刀などいっさいの荷物を引手茶屋に預け、手ぶらで過ごすのだが、その間に発生する見世への支払いをはじめ、遊女への祝儀、飲食費などの料金をすべて立て替えてくれる。客は最後にまとめて支払えばいいのだ。

こうしてみると、引手茶屋は〝歩くクレジットカード〟のような存在といえる。その意味で、引手茶屋から紹介された客は見世からの信頼も高かったのである。

ちなみに、引手茶屋に支払う料金は、もっとも格が高いとされた店で一分、現在の貨幣価値で約3万2000円ほど。やや格落ちする店で二朱、現在の貨幣価値で約1万6000円ほどだった。

この仲介料が安いか高いかは利用者次第だが、これによって快適に遊ぶことができるなら、それほど高くないのかもしれない。

相手が上級遊女なら、3回通うまで床入りできない

◉なじみの客になるまでガマン

見世のランクを確認し、ガイドブックで目当ての遊女について調べ、引手茶屋の使い方もわかった。さて、いよいよ吉原デビューするぞと出かける前に、もう一つ重要なルールを知っておきたい。そのルールとは、3回通わなければ遊女と契《ちぎ》りを交わせない（セックスできない）というしきたりだ。

吉原ですぐに床入りできるのは、小見世以下のランクの遊女だけだった。それよ

初会の様子。遊女は上座、客は下座に座った。

り上のランクの見世で遊ぶ場合は、3回通ってなじみの客として認めてもらう、という実に面倒なルールを守らなければならなかったのである。

まず、案内された部屋で指名した遊女と会うのだが、このとき客が座るのは下座《しもざ》で、遊女が上座《かみざ》である。やがて酒や料理が運ばれてくるが、飲み食いするふりだけにとどめ、実際には口にしない。この儀式を「引付《ひきつけ》の盃《さかずき》の儀《ぎ》」という。これで「初会《しょかい》」と呼ばれる最初のデートは終了。つまり、1回目はお見合いのようなものだ。

残念なのは、このデートで正式な料金を請求されること。ある意味、ぼったくりだが、客は従うしかない。

2回目は、最初と同じ遊女を再び指名し、部屋で待つ。たとえ前回の遊女が気に入らなかったとしても、チェンジすることはできないし、見世を変えることも許されない。どうしても変えたければ、見世や遊女にそれなりの金を払って納得してもらわなければならない。

遊女に再会すると、初回よりは打ち解けた感じになり、会話をしてくれたり、お酒や料理を一緒に楽しんでくれる。この2回目のデートを「裏《うら》」と呼ぶ。

ただし、今回もこれで終了。床入りは果たせず、料金は全額支払いを求められる。

●床入りの際は「なじみ金」「床花」をお忘れなく

ガマンにガマンを重ねてたどり着いた3回目。客は遊女の部屋に通され、まずは宴席を楽しむ。ここでようやく、客は「なじみ」として認められる。専用の箸が用意され、名前も呼んでもらえるようになる。そして、ついに床入りだ。

しかし、この日は見世の従業員全員に「なじみ金」という祝儀《しゅうぎ》を配り、遊女にも床入りの際に「床花《とこばな》」という祝儀を渡さなければならない。

このように、吉原で遊ぶには相当の手間とお金がかかった。遊女がすぐに体を許さないのは、吉原はただの欲望のはけ口ではなく、江戸における一種の社交場としての機能を有していたからだと考えられている。

しかし、江戸時代後期になると、面倒な手順を踏まなくても手軽に遊べる色街が活況を呈したため、吉原でも初会から床入りできる見世が大半となった。それでも初会の床入りは体だけの関係でしかなく、なじみ客として大切にされるのは、やはり3回目からだったのである。

いくら払えば吉原の上級遊女と楽しめる?

◉基本料金は一両一分だが…

ここまで述べてきたように、吉原の上級遊女で遊ぶためには、相当のお金が必要になる。では、具体的にどれくらい用意すれば、遊女と楽しく遊ぶことができたのだろうか?

遊女との遊び代は、遊女のランクによってずいぶん違う。『吉原細見』によると、昼三《ちゆうさん》のなかで最高ランクの「呼出昼三《よびだしちゆうさん》」の場合、彼女についてくる新造《しんぞう》の費用も含めて一両一分だった。これは現在の貨幣価値に換算すると、16万円程度になる。

次のランクの「平昼三《ひら》」は、見世の大小によって異なるが、昼夜をともにして三分、夜だけで一分二朱。現在の貨幣価値では昼夜で9万6000円、夜だけで4万8000円程度になる。

その下のランクの「附廻《つけまわし》」は、昼夜ともにして二分、夜だけで一分。現在の貨幣価値では昼夜なら6万4000円、夜だけなら3万2000円程度になる。

ちなみに、呼出昼三、平昼三、附廻は「花魁」と呼ばれる上級遊女である。これがいわば基本料金で、ほかに飲食代やなじみ金などが必要になる。

◉飲食代、なじみ金、床花も入れると百万円超!

まず飲食代。吉原の料理は仕出しで「台の物」と呼ばれ、料金は二朱（1万6000円ほど）だった。しかし、これはランクの低い見世での金額であり、花魁がいるような中級以上の見世になると、代金は一気に高騰した。

次になじみ金。3回通ってなじみ客になったら、なじみ金を支払う。この料金は二両二分、現在の貨幣価値では32万円程度と、やたらと高い。ただし、なじみ金から遊女のものになるのは6割くらい。残りは引手茶屋や引手茶屋の下男、遊女の見世の若い者、遣手《やりて》などに分配される。

そして、遊女と床入りしたタイミングで支払う「床花《とこばな》」。この祝儀は5～10両程度が相場だった。つまり、現在の貨幣価値で65万～130万円程度を支払わなければならなかったのである。

吉原遊びがいかに金のかかるものかがわかるだろう。一般庶民がちょっとくらい貯金しても、なかなか手が届かない代物《しろもの》だったのである。

リーズナブルに楽しむなら「切見世」「河岸見世」へ

◉2000円～でベッドインできた?!

吉原遊びは金がかかる。上級遊女と楽しめるのは事実上、富裕層だけだ。ただし、庶民レベルでも吉原で遊ぶことはできた。吉原にはお手軽価格の見世が設けられていたからだ。

安く遊べる見世の一つは、郭内のお歯黒どぶ沿いに並んでいた切見世だ。

切見世はその名のとおり時間を区切って遊べる見世で、料金は一〇〇文程度。現在の貨幣価値では2000円程度だから、吉原では格段に安い。

ただし、これには落とし穴があった。一〇〇文程度で遊べるのは、ほんの短い時間だけで、その間に絶頂に達するのは非常に難しい。どれくらい短いかというと、線香1本が灰になる時間。まさにあっという間だ。

しかも、多くの遊女はできるだけ時間を短くすませようと、線香を灰のなかに深く差す。こんなことをされては、どんなに〝早撃ち〟の男性でも満足するのは難しいため、「もう一区切り」「もう一区切り」、となって2倍、3倍の料金をとられた。ぼったくりだが、それでも安いことには違いなく、客足は絶えなかった。

もう一つ、「河岸見世《かしみせ》」も吉原の格安店として知られていた。

河岸見世は切見世と同じ通り沿いにあり、二朱程度の料金で泊まることもできた。しかも切見世より環境がいい。切見世は広間を衝立《ついたて》で仕切っただけなのに対し、河岸見世は独立した部屋が設けられていたため、落ち着いて遊ぶことができた。

◉吉原でなくていいなら「岡場所」という手も

このように吉原で遊びたい貧しい庶民は、切見世や河岸見世に行けばよかった。しかし、切見世や河岸見世も吉原である以上、遊び代に加えて台の物を頼まなければならず、その料金が負担になった。

もっと手軽に遊べる場所はないか。吉原でなくてもいい、安ければいい――。そんな人々の間で人気を博したのが、江戸各所にあった「岡場所《おかばしょ》」である。

岡場所とは、幕府非公認で営業していた色街の総称で、品川《しながわ》や内藤新宿《ないとうしんじゅく》、板橋《いたばし》、千住《せんじゅ》といった宿場《しゅくば》や、江戸市中などにつくられていた。価格は品川で七〇〇文程度、板橋や千住などでは二〇〇文程度だった。現在の貨幣価値では、それぞれ1万4000円程度、4000円程度である。

それでも高いというなら、夜鷹《よたか》など流しの娼婦と遊ぶこともできた。値段は二四文ほどで、現在の貨幣価値では480円程度と激安である。

江戸時代の男たちには大金持ちも貧乏人も、懐具合に合わせて遊べる場所がたくさんあった。だからこそ、それぞれが大いに繁栄し、賑わっていたのである。

豪華絢爛な吉原名物・花魁道中を見逃すなかれ！

◉そもそも花魁道中とは何か

吉原のメインストリートである仲の町通りでは、季節ごとにさまざまなイベントが行われ、華やかな雰囲気を演出した。春の夜桜、お盆前後の玉菊灯籠《たまぎくどうろう》（名妓・玉菊の若死にしたのを悼《いた》み、茶屋がこぞってつけた灯籠。のちに年中行事になった）、秋の

仲の町をゆっくりと行進した花魁道中。

仁輪加《にわか》（プロの役者ではない者たちによる狂言などの即興芝居）が三大イベントとされていたが、遊客や見物人をもっとも楽しませたのは花魁道中だった。

吉原のトップスターである花魁が絢爛豪華に着飾り、高さ15センチ以上の黒塗り畳付きの下駄を履き、外八文字《そとはちもんじ》という特徴的な歩き方で通りを進んでいく。花魁の前には箱提灯《はこちょうちん》を持った先導役の若い者、お供に遊女見習いの禿と新造、後ろに長柄傘《ながえがさ》を掲げた若い衆、最後尾には番頭新造や遣手と続き、ゆっくりゆっくりと行進していく。

まるで世界的なトップモデルが、ファッションショーのランウェイを歩いているような光景だ。

そもそも花魁道中とは、客に指名された花魁が見世から揚屋《あげや》と呼ばれる店に向かう道中のことだった。吉原で上級遊女と遊ぶ場合、揚屋に呼び出して食事や床入りすることになっていたため、花魁とお付きの者たちが行列をつくって揚屋へと向かっていた。その行進がイベント化していたのである。

江戸時代中期には揚屋システムがなくなったが、花魁道中はショーとして残り、吉原名物として多くの人々を楽しませ続けた。

◉イベント時のパレードが見もの

花魁道中を行うのは大見世の最高ランクに位置する遊女で、そのパレードには小規模なものと大規模なものの2パターンあった。

小規模な花魁道中は、日常的に行われていた。引手茶屋から呼び出しを受けて客を迎えにいくとき、あるいは、予約客を仲の町で出迎えるために出向くときに花魁は控えめなパレードをする。

大規模な花魁道中は仲の町の花見、年礼、お披露目といったイベントの日に行われる。このときのパレードはとにかく華やかで、浮世絵や錦絵《にしきえ》などにもしばしば描かれた。

仲の町通りは、100メートルほどの短い通りである。ふつうに歩けばすぐの距離だが、わざわざ歩きにくい高下駄を履き、大勢のお伴を連れて移動する。これを体験できるのは選ばれた遊女のみ、という花魁のプライドがそこに見え隠れする。

別の遊女に浮気した客は、どうなった？

◉なじみになるとは「結婚する」こと

吉原に3回通って遊女のなじみ客となったものの、どうにも気が合わない。あるいは、なじみとなった遊女の元へ2年近く通っているが、そろそろ飽《あ》きてきたので別の遊女に乗り換えたい——。

そんなとき、現代の男性なら「チェンジ」すればいいのにと思うだろう。客は金を払って遊女を買っているのだから、誰と遊ぼうが客の勝手だと考えるはずだ。しかし吉原では、この道理が通らない。切見世などの安い見世を別にすると、遊女のチェンジはご法度《はっと》で、なじみの遊女以外と遊ぶことは許されなかったのである。

吉原でなじみ客になることとは、その遊女と結婚したのも同然と考えられていた。事実、洒落本《しゃれぼん》の『魂胆惣勘定《こんたんそうかんじょう》』には、次のような吉原のオキテが書かれている。

一、なじみありて外へ行くこと許さず
二、一家にて女郎替ゆること許さず
三、一家の女郎と色をすること許さず

吉原での〝浮気〟は厳禁だったのだ。どうしてもなじみの遊女と別れて、ほかの遊女に鞍替《くらが》えしたければ、なじみの遊女の承諾を得て、手切れ金を支払うしかなかった。では、もし無断でほかの遊女に乗り換えて、それが発覚したらどうなるのだろうか？

◉髷を切られて大恥をかく客が続出！

吉原は広くて狭い。無断で別の遊女を買ったことは、いつかなじみの遊女の耳に入ってしまう。遊女たちは、常に客の動向に目を光らせているからだ。そして〝浮気〟された遊女は、相手の遊女に「くだんの客が今度そちらに行ったら、必ず知らせてくださいね」と手紙を書き、菓子や肴《さかな》を添えて送る。

相手の遊女から返事がなければ、お付きの禿や新造を張り込ませ、客を見つけしだい連れ帰らせる。ここからが恐ろしい。

気まずそうにしている客に対し、遊女は罵詈雑言《ばりぞうごん》を浴びせかけ、振袖《ふりそで》を着せたり顔に墨で落書きしたり、白粉《おしろい》や紅を塗りたくったりと、やりたい放題。最後には髷《まげ》を切り落としてしまうのである（坊主なら髭《ひげ》を落とす）。

哀れなのは仕打ちを受けた客である。当時、髷がないザンバラ髪といえば、死人か吉原でやらかした男性くらいしかいなかったから、その姿を見ればすぐ〝浮気者〟とバレてしまい、笑い者にされた。

遊女によるこうした私刑は19世紀末に禁止されたが、それまでは頻繁に行われていた。是非はともかく、吉原で遊ぶ以上はしきたりを守らなければならないのだ。

指名したのに来ない…「貰い引き」と「廻し」にご用心

◉上級遊女に指名が重なったときは

吉原では浮気はご法度である。最初に指名した遊女を、吉原に行くたびに指名し続けなければならない。では、その遊女を、もう一人の客が同時に指名したらどうなるのだろうか？

現代の性風俗店では「A美ちゃんは予約が入っています。B子ちゃんもいいコですよ?」などと勧められるだろう。しかし、浮気がご法度の吉原では別の遊女を勧めたりせず、「どうぞ、どうぞ」と部屋に通す。いわゆるダブルブッキングだが、客にそんな素振りは見せない。

そして遊女が花魁の場合は、「貰《もら》い引き」という方法をとった。花魁自身は金払いのいい上客の元へ向かい、別の客には遊女としてデビューしてまもない新造をあてがうのである。

「若い娘のほうがありがたい、うれしい!」という客もいるだろうが、このときの新造は性的なサービスはしてくれない。話をしたり、添い寝をしたりするだけで、客が手を出すことは許されない。

あとから花魁が来てくれるならまだいいが、朝まで姿を見せず、何もできないまま帰宅となる可能性もある。しかも料金の減額はなし。これでは「ぼったくり!」とクレームをつけられても仕方ない。

◉一晩中待ちぼうけのことも…

一方、ランクの低い遊女の場合は、「廻《まわ》し」という方法をとった。彼女たちには新造がついていない。そこで、同じタイミングで指名してきた客が二人なら二人、

「貰い引き」にあい、苦り切っている客と素知らぬ顔の新造。花魁が来てくれるのはいつなのか…。

三人なら三人、順番にまわっていくのである。

しかし、このとき遊女は、どの客も平等にまわるとは限らない。遊女も人の子。好みの客のところにいる時間はどうしても長くなる。一方「性格がキモいし、金払いも悪い。好みじゃないっ」などと思われている客のところには、ちょっと顔を出しただけですぐいなくなってしまう。もちろん、そんなときでも減額にならず、通常料金を支払わなければならない。

結局、ダブルブッキングになってしまったら、客は運が悪かったとあきらめるしかない。そして、遊女が自分のところに来てくれたら「モテた！」と歓喜し、来てくれなかったら「フラれた……」と涙したのである。

この「貰い引き」や「廻し」というシステムは、吉原だけの特別なもので、京都や大坂などの遊郭では行われていなかった。江戸っ子は粋《いき》に遊ぶことを心情とし、フラれても怒ったりしない。そんな江戸っ子の心意気に妓楼側がつけ込んだブラック商売だったともいえるだろう。

客が遊女に好かれるには、どうすればいい？

◉嫌いな客は袖にされた

遊女は客に金を払ってもらってセックスする。それを生業《なりわい》としている以上、客を断れないと思われがちだが、遊女が客を断るのは珍しくなかった。

先に述べたように、指名した遊女がいつまでも部屋に来なかったり、狸寝入《たぬきねい》りをされたりして何もできなかった……ということは、ザラにあった。遊女は客を選《え》り好みし、嫌いな客を袖《そで》にすることもできたのだ。

かわいそうに、遊女にフラれた男性は虚《むな》しい気持ちを川柳にした。

「とりも啼《な》け　鐘も鳴れ鳴れ　ふられた夜」

「もてぬ奴　かんらかんらと　打ち笑い」

こうした川柳《せんりゅう》が残っているくらい、遊女に嫌われ、相手にしてもらえなかった男性たちがたくさんいたのである。

では、遊女に嫌われる客とは、どんなタイプなのだろうか？

◉モテるのは「早漏で金払いがいい男」

この問題に関しては、逆転の発想で、どんなタイプが好かれるかを考えたほうがいい。まず性的に好かれる客は、ずばり、アソコが小さくて早漏《そうろう》な男性である。遊女にとって遊郭通いしているような客は、ただの商売相手だ。だから、自分を気持ちよくしてほしい、などとは望んでいない。

立派なイチモツを持っていて、長持ちするのが自慢だとしても、遊女を相手にするときは気を使わなければならない。いつまでもセッセと頑張っていると、「まったくラチのあかない男だ」と嫌われてしまう。

床入りする前にやたらと酒を飲み、本番でさっぱりイカない客など問題外。愛撫《あいぶ》がやたらと長い客も、素人《しろうと》には喜ばれるかもしれないが、プロには嫌がられる。

客としては、遊郭が「感じることは遊女の恥」といわれている世界だということを念頭におく必要がある。さっさと挿入して、さっさと済ませてくれる客が、遊女にとってのいい客、好かれる客なのである。

次に性格的には、あっさりしていて余裕の感じられる客が好かれた。いくら金払いがよくても、押しつけがましくてガツガツ迫ってくる客は、遊女に嫌われた。知ったかぶりをして自慢する客もダメである。東里山人《とうりさんじん》による草双紙《くさぞうし》『出傍題無智哉論《でほうだいむちゃろん》』には、遊女に、自分は江戸の生まれだと自慢し、吉原についての知識をやたらとひけらかしている男の姿が描かれている。注目したいのは、その男に対する遊女の目。男を蔑《さげす》む気持ちがありありと見てとれる。

あっさりした性格で、早く終わってくれる客が遊女の好み。遊郭通いするときには、そのことを覚えておくべきである。

遊女の心客知らず…男たちが頼りにした「長命丸」

◉江戸時代のバイアグラ

セックスのプロである遊女が、客とのセックスに多くを求めていないことはすでに述べた。アソコが大きくて長持ちする男性より、小さくて早漏な男性のほうが好かれる傾向にあった。

ところが、客の男性はそんなこととは露知らず、正反対のことを考えていた。「せっかく遊女と遊ぶのだからできるだけ長く楽しみたい」「ずっと勃起し続けて『あなた、素敵』と言われたい」「早くイキすぎて『あら、もう終わりなの?』なんて絶対に言われたくない」……。

そこで多くの客は、精力増強のための媚薬《びやく》を頼りにしていたのである。

江戸時代を代表する精力増強薬は「長命丸《ちょうめいがん》」である。当時のポルノショップである四目屋《よつめや》で販売されていた塗り薬で、主成分はヒキガエルの分泌液をもとにした痺《しび》れ薬の蟾酥《せんそ》と阿片《あへん》だったといわれている。

この〝江戸時代のバイアグラ〟ともいわれる薬をセックスの2時間前にペニスに塗り、行為寸前に洗い落とすと、陰茎が大きくなり、精力も強くなったという。しかも、たっぷり楽しんだあとお湯を飲めば、すぐに射精もできたらしい。

これが本当ならば、かなりの優れものである。料金が盛り蕎麦《そば》やかけ蕎麦の2倍程度という安さもあり、抜群の人気を誇った。ただし、誤って飲んでしまい、死人が出たこともある(!)とか。

長命丸以外にも、さまざまな精力増強剤が出まわっていた。

たとえば、「たけり丸」はオットセイの性器を粉末状にした薬で、ＥＤ（勃起不全）に効果があったと伝わる。オットセイは1頭のオスを中心にハーレムをつくって暮らしており、いかにも精力が強くなりそうだ。

◉女性を快楽へ誘う媚薬も

男性自身を増強する薬だけでなく、相手の女性を至上の快楽へといざなう薬もあった。

たとえば、「女悦丸《にょえつがん》」や「蟬丸《せみまる》」をセックスの前に女性の陰部に塗ると、クリトリスが膨れ上がり、快感がアップしたという。濡れにくい女性に使われていたのが「通和散《つうわさん》」や「いちぶのり」など。唾液でふやかして陰部に塗ると、ヌルヌルになった。

驚くなかれ、惚《ほ》れ薬もあった。焼いたイモリを粉末状にした、「イモリの黒焼き」で、これを愛しい女性にふりかけると、自分を好きになってくれるという。

これらの媚薬を使い、遊女をものにしようとした男性は多かったはずだ。しかし、遊女が満足した可能性は決して高くないだろう。

恐怖！ お代を支払えない客を待っていた私刑とは

◉江戸時代初期には「桶伏せ」の刑

何度も言うように、遊郭で遊ぶためにはそれなりのお金が要る。しかし、どういうわけか、遊んでから金がないことに気づいたり、遊び代が想定以上で予算をオーバーしてしまったり……という困った客が一定数いた。

見世としては、いただくものをいただかないうちは客を帰すわけにはいかない。「仕方ないなあ、今回は見逃してやろう。次から気をつけろよ」というやさしい楼主など存在しない。

どうしても支払えない客には、キツいお仕置きが待っていた。江戸時代初期によく行われたのが「桶伏《おけぶ》せ」である。

桶伏せとは、伏せた風呂桶に客を閉じ込めるもの。客は狭い風呂桶のなかで、家の者か知り合いが金を持ってきてくれるまで、じっと待つしかない。食事は出るが、塩をふりかけたご飯が一膳だけ。トイレには行けず、垂れ流しにするしかないため、臭いことこのうえない。そんなヒドい環境で、何日も何日も待ち続けたのだ。

◉「付け馬」や「仕置屋」が取り立てにくる

やがて時代がくだると、桶伏せのお仕置きは廃《すた》れる。すると、代わりに二つの方法がとられた。一つは「行灯部屋《あんどんべや》入り」という私刑である。

行灯部屋入りが行われるのは客が二人以上のとき。一人を行灯部屋と呼ばれる薄暗い部屋に閉じ込めている間に、残りの仲間が金策してくる。もちろん金が届くまでは出してもらえない。行灯部屋に閉じ込められた人は、人質である。

金策の途中で仲間が裏切ったり、金が工面できずに戻ってこなかったりした場合、中級以上の見世は「付け馬《つけうま》（付き馬）」と呼ばれる取り立て屋を利用した。付け馬は客と一緒に家まで行き、金を受け取る。そして、そのなかから手数料をもらう。

一方、下級の見世は「始末屋《しまつや》」を使った。始末屋は見世から取り立てを請け負った時点で客を値踏みし、不足額の半分程度を即金で支払い、客の身柄を預かる。そして客が指定した場所に使いの者をやり、不足額に使い賃を加えた額を取り立てる。

だが、下級の見世を利用する客だから、本当に金がないことも十分ありうる。そんなときの始末屋は、家財道具を売り払い、身ぐるみ剝《は》がすなど厳しく取り立てた。身ぐるみ剝がされた客は、真冬でもふんどし一丁で帰されたのである。

四章 遊女の暮らしと生涯

素人女性とは、まるで違う！

遊女はこんなふうに1日を過ごしていた

◉明け六ツ、後朝の別れからスタート

江戸時代の吉原の遊女は、最長10年を郭《くるわ》のなかで過ごした。彼女たちのスケジュールは一年365日がほとんど仕事で埋まっており、悲しいかな、毎日お決まりの行動をとらざるをえなかった。

では、具体的にどのような日々を送っていたのか？　遊女の一日を追ってみよう。

遊女は明け六ツ《あむ》（朝の6時頃）より前に行動を開始した。まずは昨夜泊まった客を送り出す。これを「後朝《きぬぎぬ》の別れ」という。当時は夜明けから一日がスタートするとされていたため、それより前に客を帰らせなければならなかった。

客が帰ったら二度寝に入る。熟睡タイムの到来だ。なぜなら、遊女は客が寝ている間に身支度をしておく必要があるし、客と添い寝したとしても熟睡できない。遊女がゆっくり睡眠できるのは客の帰宅後なのだ。

二度寝から起き出すのは昼四ツ（午前10時〜11時頃）。まもなく見世《みせ》（妓楼、遊女屋）の営業が始まるので、床離れした遊女は朝風呂に入り、髪を整え、食事を済ませる。

時間が余ったら、客に手紙を書くなどして過ごした。

そして昼九ツ（正午頃）には営業開始。この時間から夕七ツ（午後4時頃）までを「昼見世《ひるみせ》」といい、主に下級遊女が格子の内側の張見世《はりみせ》に並んで客をとった。ただし、この時間はそれほど張り詰めた感じはなく、リラックスして過ごすことができた。というのも、昼間の客は地方からやってきた一見客《いちげんきゃく》か、参勤交代で単身赴任している武士などが中心で、どちらも上客にはなりにくいからだ。遊女たちもイマイチ身が入らず、客がつかなければ遊女仲間と雑談をしたり、双六《すごろく》などで遊んだりしていた。

昼見世が終わったら遅い昼食タイムとなり、その後は自由時間となる。しかしながら、暮六ツ《くれむつ》（午後6時頃）には夜の営業が始まるため、あまりのんびりしてもいられない。

◉暮六ツ、華やかな夜見世が始まる

暮六ツ、吉原は賑やかで華やかな世界に変わる。開店の合図とともに、「夜見世《よるみせ》」が始まるのだ。

張見世には、遊女がズラリと並ぶ。一番奥の中央には上級遊女が座り、その周辺

吉原遊女の一日

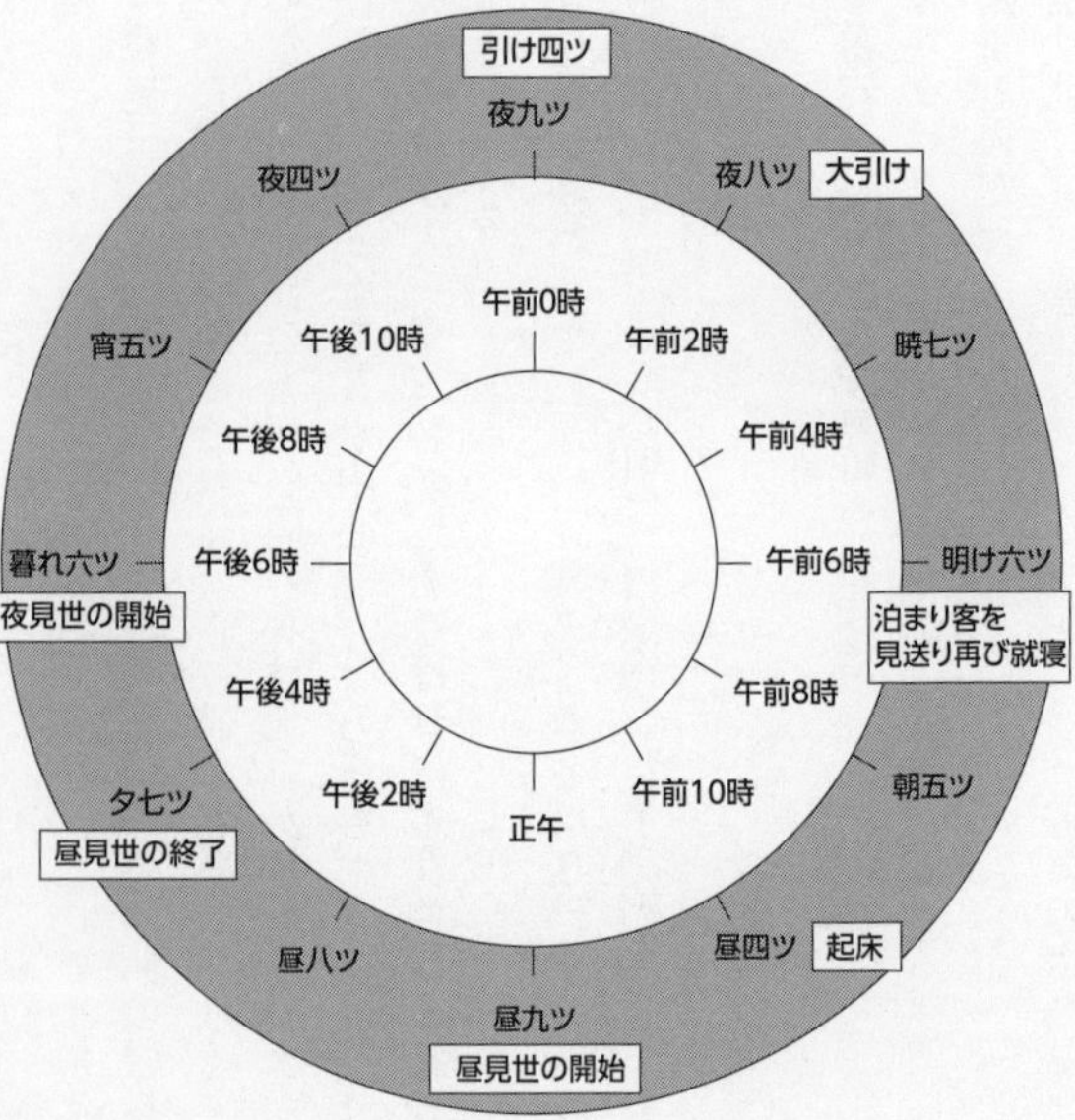

に下のランクの遊女が座る。最上級の花魁《おいらん》は張見世には出ず、花魁道中で引手茶屋《ひきてぢゃや》へと向かう。

客がついた遊女は座敷に上がり、客と食事などを楽しむ。しかし、ここでも遊女はのんびりしてはいられない。最初の客の相手を済ませたら、もう一人、もう一人とばかりに客をとり続けるのだ。

客には夜のうちに帰る客（宵帰り客）と、朝まで過ごす客がいた。宵帰り客の目安は夜四ツ（午後10時頃）である。この時間に江戸の町木戸が閉まるからだ。江戸の町々には木戸が設けられており、木戸番は夜四ツに木戸を閉めた。盗賊や不審者の通行・逃走を防ぐためで、夜四ツ以降に出入りする者は、木戸番に改められたうえで、木戸の左右にある潜り戸から通る決まりとなっていた。

吉原では、夜四ツでは時を知らせる拍子木《ひょうしぎ》を打たず、夜九ツ（午後12時）に四ツを知らせる拍子木と、九つの拍子木を続けて打った。これを「引け四ツ」といい、夜見世の終了を告げる合図となったが、朝まで過ごす客の相手をする遊女はその後も仕事を続ける。

遊女と客は座敷で時間を過ごし、夜八ツ（午前2時頃）の拍子木でようやく「大引け」、つまり営業終了となる。遊女と客は床に入り、翌日の後朝の別れへと続くのである。

公休は年2日！ 貴重なオフの日に遊女は何をした？

◉春の休日は夜桜見物で楽しむ

遊女の仕事は体力勝負だ。次から次へと客の相手をしなければならないため、虚弱体質では続けていけない。それだけに、休みの日はのんびり英気を養いたいところだが、残念ながら、吉原の遊女の休日は少なかった。年間で丸一日休める公認の休日は、たった2日しかなかったのである。

2日の休日のうち1日は桜の花時にとる。吉原は桜の名所として知られており、毎春、仲の町が桜で満開になった。この桜の花見が一大イベントで、遊女たちも夜桜見物ができる日を休日とした。従業員一同で飲み食いし、ゲームをするなどして楽しみ、時にはお金を出してくれるなじみ客が参加して盛り上がった。

残りの1日は7月13日。「玉菊灯籠《たまぎくどうろう》」というイベントが開催される日にとる。玉菊灯籠とは、旧暦の6月晦日《みそか》から7月晦日までの1か月間、茶屋ごとに灯籠を吊るす行事のこと。7月1日から12日までが第一部で、13日の休みを利用して展示替えを行い、14日から第二部に突入した。

◉自己都合で休むこともできたが…

それにしても公認の休日が2日だけとは、あまりにもつらい。現代人は週休2日とすると105日ほど休んでいるのだから、遊女の過労ぶりが理解できるだろう。だが実は、2日間の公休以外にも休める日が数日あった。たとえば、体調不良、気分が乗らない、田舎の親戚や知り合いが訪ねてきたといった理由で休みたくなった場合、申し入れが認められれば、年に2~3日は休むことができた。

ただし、休めば見世の稼ぎがなくなるから、そのマイナス分は自分で穴埋めしなければならない。売れっ子なら問題ないだろうが、稼ぎが少ない遊女は借金してでも支払わなければならないので、休めば休むほど苦しくなっていく。

さらに毎月1回、髪洗い日として半日休暇をとることもできた。遊女の髪はとても長い。それを解いて鬢《びん》付け油を落とし、キレイに洗い上げるには相当時間がかかるため、髪洗い日は昼間は休んで夜から出勤できたのである。

吉原の遊女は、郭から出ることを許されていない。それは休みの日も変わらず、「休日くらい外の空気を吸いたい!」と思っても願いはかなわなかった。それでも遊女たちにとって休日は貴重で、待ちわびた一日だったことは間違いない。

上級遊女になるためには教養が必須!

◉美貌・床上手だけでは成り上がれない

遊女はセックスのプロである。客を気持ちよくさせて絶頂に導くのが仕事だから、容姿が美しく、性技に長《た》けていればOKと思われている節《ふし》もあるだろう。たしかに、そうした認識は間違いではない。実際、美貌だけで売れっ子になった遊女もたくさんいた。しかし、太夫をはじめとする上級遊女になるには、もう一つ欠かせないものがあった。それは教養である。

吉原の上級遊女は上級武士や豪商、文化人などを相手にしなければならない。彼らと対等に渡り合い、トリコにするためには、読み書きはもちろん、書道や生け花、茶道、和歌・俳句、琴・三味線、囲碁・将棋など多様な教養が必要だった。

遊女を管理する見世側も、そのあたりの事情をわきまえていたから、抱えの遊女たちにさまざまな教養を身につけさせ、商品価値を高めようとした。

幼くして見世に売られてきた禿《かむろ》には、読み書きから覚えさせた。江戸時代、貧しい家に生まれた女性たちは、寺子屋に通うこともままならず、文字が読めないまま大人になるケースも少なくなかったが、吉原の遊女は見世の計らいのおかげで高い識字率を誇っていたという。

◉師匠に出張して教えてもらっていた

では、吉原の遊女たちは書道、生け花、茶道、和歌・俳句、琴・三味線、囲碁・

将棋などをどのように学んだのか？　実は、見世が契約した師匠に出張してもらい、教えを受けていた。吉原では、遊女が遊郭外に出ることを禁じていたからだ。

　遊女たちは各種の師匠から学び、幅広い教養を身につけた。戯作者《げさくしゃ》・浮世絵師の山東京伝《さんとうきょうでん》が江戸時代中期に書いた遊女の評判記『傾城觿《けいせいけい》』には、松葉《まつば》屋の4代目瀬川《せがわ》という遊女の得意分野は「書・茶・和歌・香・琴」、丁子《ちょうじ》屋の唐琴《からこと》は「琴・香・画」、扇《おうぎ》屋の滝川《たきがわ》は「茶・琴・香・碁・双六」、扇屋の潮光は「茶・書・琴・三味線・香」などとあり、遊女たちがいかに多くの教養を身につけていたかがわかる。

上級遊女は書だけでなく絵も得意とした。「契情道中双娘　見立よしはら佐野松屋内大里」より

　なかには一芸に秀でた遊女もいた。たとえば、松葉屋の瀬川は後世に伝わるほどの能筆家だったし、京都・島原の遊女の八千代《やちよ》は、俳句が松江《まつえ》重頼《しげより》（江戸初期の俳人）の撰集『懐子《ふところご》』に二句入選するほどの腕前だった。

遊女はもちろん美貌が大事。

しかし、幅広い教養を身につけるなど自分磨きも怠《おこた》らず、甲斐甲斐《かいがい》しい努力をしていたのも事実なのである。

遊女はアンダーヘアの処理も怠らない

◉一般女性は下の毛に無頓着?

現代の女性は、顔の産毛《うぶげ》や眉毛、脇毛《わきげ》などはせっせと手入れしているが、陰毛に関してはルーズな人が多いのではないだろうか?

最近は陰部の永久脱毛をする女性も増えてきているようだが、ほかに気になる部分が多いし、ふだんは他人に見せないから、水着になるときや温泉に行くときくらいしか処理をしない、という人も多いだろう。

これは江戸時代も同じだった。当時の女性の多くが陰毛の手入れをしていなかった。色気と芸を売りにする芸者ですら、手入れしていなかったという。

しかし、同じ女性でも遊女は違った。遊女の間では陰毛を処理する風習があり、常日頃から陰毛を処理していたのである。

「股ぐらの　還俗《げんぞく》をする　二十八」という江戸時代の川柳は、28歳になり年季が明けた遊女が、陰毛の処理をしなくなったことを詠《よ》んだものだ。

◉手入れした陰毛はプロの証し

遊女は線香で焼き切ったり、毛抜きを使ったりして、下の毛を整えていた。全部抜いたり剃《そ》ったりしないで、少しだけ残すのが一般的だった。吉原などの公娼、岡場所などの私娼を問わず、遊女なら誰でも処理していたらしい。

当時は現代ほど衛生状態がよくなかったので、毛じらみなどを防ぐ目的もあったと考えられている。

遊女たちにとっては面倒でしかなかっただろうが、男性には陰毛の処理をした女性が魅力的に思えたようだ。その証拠に、「女房に　ちょっと抜きやれと　弐《に》へん撫で」という川柳がある。

これは、遊郭帰りの亭主が妻に対して「たまには下の毛を抜いて手入れしろよ。そうすれば遊女のようになれるぞ」と言って、毛を2回なでたことを詠《よ》んだもの。つまり、下の毛を手入れすれば魅力的になれる、と諭《さと》しているのである。

ほかにも女性の陰毛を詠んだ川柳が多くあり、当時の男性が陰毛を処理する女性に色気を感じていたことがわかる。

性病を経験してこそ一人前だって⁈

◉遊女遊びに梅毒はつきもの

遊女にとって職業病ともいえるほど、よく罹患《りかん》したのが性病である。吉原では性病にかかることを「鳥屋《とや》につく」といった。もとは鷹《たか》の羽根が夏の末に抜け落ち、冬毛に変わる前の時期のことだが、この鳥屋にこもってじっとしている様子が、梅毒にかかり毛髪の抜け落ちている様に似ていることからだという。

こんな言葉が生まれるくらい、性病にかかる遊女の割合は多かった、性病を経験していない遊女は一人前として扱われなかったというくらいだから、その蔓延《まんえん》ぶりはひどかった。

性病のなかで、もっとも恐れられたのは梅毒《ばいどく》だった。梅毒は西インド諸島の風土病で、大航海時代にコロンブスと船員たちがヨーロッパに持ち込んだとされる。16世紀半ばには日本にも上陸し、戦国期～江戸初期に生きた加藤清正《かとうきよまさ》、結城秀康《ゆうきひでやす》、前《まえ》田利長《だとしなが》などの有名武将もわずらっていたことが知られている。

梅毒が恐れられたのは、感染したあと潜伏期に入るからだ。最初は感染部におできのような塊《かたまり》ができ、しばらくすると収まる。一見、治ったように思えるが、実は潜伏期に入っただけで、再び発病することがある。

再発したときの症状は重く、皮膚にゴム状の腫物《はれもの》ができて、その部分の肉が落ちてしまう。さらに症状が進めば神経系が侵され、最終的には死に至る。

だが、江戸時代の医学知識では、最初の発病のあと、見た目が治れば治癒《ちゆ》したと考えられた。しかも、梅毒は一度かかれば二度とかからないと信じられていた。

見世では、梅毒にかかったことがある遊女を〝安全牌《パイ》〟と見なして客にすすめたため、病気がますます広まっていった。ついには、客のほうも「遊女遊びに梅毒はつきもの」と割り切るようになるありさまだった。

◉養生できるのは上級遊女だけ

では、梅毒で重症化してしまったらどうしたのか？

現在では早期であればペニシリンなどの薬物治療により完治させることができるが、20世紀以前は効果的な治療法もなく、重症化したら養生するくらいしか術《すべ》がなかった。

上級遊女は「寮」と呼ばれる郭の外の別荘のような場所で、新造や禿に看病してもらえた。しかし、ランクの低い遊女はろくに看病してもらえなかった。一応、医者の診断は受けられるが、看護人はつけてもらえず、食事も大したものを与えられず、ほぼ放置状態。助かる確率は低かった。

運良く助かったとしても、療養中の出費はすべて遊女の負担とされ、大きな借金を抱えることになった。

そして遊女が亡くなった場合、家族が近くにいれば遺体を引き取ってもらえたが、遠方にいたり、身寄りがなかったりすると、夜中に「投げ込み寺」と呼ばれる寺へと運ばれ、その敷地内に掘られていた穴に捨てられた。

性病にかかった遊女の最期は、かくもむごいものだったのである。

遊女が恐れた「妊娠」。当時の避妊法は？

◉妊娠の予防に使われた「御簾紙」「甲形」

梅毒などの性病とともに、遊女たちから恐れられていたのが妊娠である。妊娠すれば、つわりなどで客をとれなくなる。そのぶん稼ぎが減ってしまうから、迷惑以外の何物でもなく、「妊娠は遊女の恥」とまでいわれた。

本格的なコンドームが登場したのは1874（明治7）年のこと。それまで遊女たちはさまざまな避妊法を実践していたが、妊娠を避けるのは至難の業《わざ》だった。遊女たちがよく利用していたのが「御簾紙《みすがみ》」と呼ばれる薄くて柔らかい紙。この紙をツバで湿らせて局部に詰め、精液の侵入を防ごうというのだ。しかし、実際の効果はなきに等しく、多くの遊女が妊娠してしまった。

なお、御簾紙には快楽を感じないようにしたり、生理のときに詰めたりする使い方もあったが、いずれにせよ、妊娠の予防にはならなかった。

一方、男性用には「甲形《かぶとがた》」と呼ばれる避妊具があった。甲型は鼈甲《べっこう》や水牛の角、革などを原料にしたコンドームに似たもので、お湯に浸して柔らかくしてから陰茎に被せるのだ。当然ながら、この避妊具の効果もかなり怪しい。

◉避妊薬も眉唾物ばかり

そのほか、避妊薬とされる薬もたくさん売られていた。たとえば、『浮世風呂《うきよぶろ》』や『浮世床《うきよどこ》』の作者として有名な式亭三馬《しきていさんば》がつくっていた「天女丸《てんによがん》」という経口避妊薬だ。三馬の本業は作家ではなく、薬や化粧品の製造・販売だったのである。

しかし、天女丸は効かなかった。さすがは作家というべきか、効能書きは立派だったが、避妊薬としての効果はほぼゼロだったという。

「朔日丸《ついたちがん》」という薬も人気を博した。毎月1日に飲むだけで1か月は妊娠せずにすむという触れ込みだった。価格は現在の貨幣価値で約2000円～3000円程度。ワラにもすがりたい女性が買い求めたが、残念ながら効果はなかった。

避妊具も避妊薬もこのようなありさまだから、多くの遊女が妊娠した。遊女も見世も望まない妊娠だから、当然、堕胎《だたい》することになる。

江戸時代には「中条流《ちゅうじょう》」という中絶手術を選ぶことが多かったが、この手術は非常に危険なものだったため、失敗して亡くなる遊女も少なくなかった。

また、堕胎できずに出産した場合、その子どもは見世で育てられ、女の子なら将来の遊女として育てられた。

実はまずかった？　吉原で出された食事

◉宴会の料理は〝見た目重視〟でおいしくない

遊郭はセックスをするだけの場所ではない。遊女と会話を楽しみながら食事や酒に舌鼓《したつづみ》を打ち、盛り上がったところで床に入る。

では、遊郭での食事はどのようなものだったのか？　実は、吉原で客に供される料理はおいしくなかったといわれている。

吉原の料理は「台屋《だいや》」と呼ばれる仕出し屋から取り寄せていた（「台の物」）。大きな台に松やら花やらで飾りつけられた料理が並んでおり、宴会の船盛りのような豪勢なものだった。ところが、豪勢なのは見た目だけ。中身はめっぽう少ないうえ、味はおせじにもおいしいとは言えなかった。しかも、酒代は一般の店の2倍！　吉原の料理は、あくまで宴席を盛り上げ、客に見栄《みえ》を張らせるだけのものだったのである。

また、遊女は客に出された料理を一緒に食べることができなかった。お腹がすいてもじっとガマンし、客が寝入ったあと、残った料理を静かに食べた。

吉原での宴会に不可欠だった「台の物」。若い者の運んでいるそれは、松や花で飾りつけられて豪勢だが、いかにも重そうだ。その割に中身は少なかった。
「青楼見立七福神」（部分）より

◉遊女のふだんの食事も質素なもの

客用の食事はまずいとして、遊女たちがふだん食べていた食事はどうだったのだろうか？

残念ながら、遊女の食事も悲しいものだった。楼主が出してくれるのは基本的に一汁一菜で、盛り切りのご飯一膳と、野菜の煮物や漬物程度。そんな質素な食事を、遊女たちは調理場の隣の部屋などに集まってとっていた。

もちろん、上級遊女はこの限りではない。ご飯と味噌汁に加えて2品か3品ほどのおかずがついた。上級遊女の食事はそれなりに恵まれていたといえるだろう。

このように、遊女の格差は食生活からも見てとれる。まともな食事をとりたいと思えば、頑張ってたくさんの客をとり、のし上がらなければならないのである。

吉原の遊女は、なぜ「ありんす言葉」を使ったか

◉ありんす言葉でメロメロになる男たち

吉原の遊女たちは特殊な言葉を使っていた。「生まれは江戸でありんす」「苦しゅうありんせん」といった、いわゆる「ありんす言葉」だ。

「ありんす」は「あります」、「ありんせん」は「ありません」、「ありんした」は「ありました」、「来なんせ」は「来てください」という意味で、格の高い見世の遊女が使っていた。同じ吉原でも、安い見世の遊女はほとんど使っていなかった。

一般の女性が使うと違和感があるが、キレイに着飾った艶《つや》っぽい上級遊女が、甘えた感じで「○○でありんす」と話すと、男たちはみなメロメロになってしまう。吉原の華やかな世界は、ありんす言葉でいっそう彩りを増し、訪れた人々は「非日常」の世界に酔えたのである。

では、このような「ありんす言葉」は何がきっかけで生まれたのだろうか？

◉田舎出身者が多かった吉原の苦肉の策

実は、ありんす言葉は遊女たちの方言を消すためにつくられたものだった。吉原の遊女たちの大半は地方出身者だったから、そのまま話せば、お国言葉丸だしで艶っぽさがまったく感じられない。客も非日常の世界から現実の世界に引き戻されてしまう。そこで吉原の見世では、特殊な郭言葉をつくって遊女に使わせたのだ。

どの見世が始めたのかはわからないが、17世紀末頃にはすっかり定着。吉原＝ありんす言葉というイメージが広まっていった。

「ありんす言葉」のバリエーション

「ありんす（あります）」	「ありんした（ありました）」
「ありんせん（ありません）」	「ありんしょう（ありましょう）」
「おす（あります）」	「しんす（します）」
「おざんす（ございます）」	「おざんした（ございました）」
「おざんせん（ございません）」	「おざんしょう（ございましょう）」
「そうざんす（そうです）」	「来なんす（来られます）」

ただし、ありんす言葉は店によって微妙に違っていた。たとえば松葉屋では「おす」、丁字屋《ちょうじ》では「ざんす」を語尾に使っていて、「おっす松葉屋」とか「ざんす丁字屋」と呼ばれていた。

では、吉原以外の遊郭はどうだったかというと、京都・島原の遊郭でも独特な言葉が使われていた。15世紀半ばには語尾に「～んす」をつけていたが、16世紀半ばになると語尾に「～で居なます（いらっしゃいます）」とか「～しなます（～なさいます）」をつけるようになった。これを「なます言葉」という。

島原の遊女は、関西弁の使用地域からやってきた女性が多かった。そのため、なます言葉は吉原ほど独特な言葉にはならなかったという。ただし、なます言葉を吉原のありんす言葉の起源とする説もある。

処女を失ってからが遊女のスタート。その相手とは？

◉初潮がくるまで客はとらない

大人になってから遊郭に入った遊女は別として、幼くして遊郭に売られてきた女の子は、遊女になるための教育を受け、先輩の遊女の世話をし、やがて遊女としてデビューを果たすことになる。

ここで気になるのが、どのタイミングで遊女デビューを迎え、その相手はどのように選ばれるのかということだ。当人としては、デビュー時に処女を失うことになるため、最初のタイミングと相手はとても重要な問題なのだ。

新造《しんぞう》と呼ばれる遊女見習い時代に、男性の相手をすることはない。初潮が始まらないうちは、客をとらせなかったのだ。このあたりのコンプライアンスは、見世がきちんと守っていた。

初潮が来ると、いよいよデビューを迎えるが、その前に「水揚《みずあ》げ」という儀式を行う。水揚げとはいわゆる初体験のことだ。

水揚げの相手を選ぶのは見世の仕事で、これはかなり気を使う。何かトラブルが起こり、新造がセックスに対して嫌悪感を持ってしまえば、あとあとまで尾をひく。また、乱暴に扱われて傷モノにされてしまっても大ごとだ。

そこで見世は、新造の初体験の相手に、女性の扱いに長《た》けた初老の男性を選んだ。初老といっても、江戸時代は40歳を過ぎれば初老なので、まだまだ元気はあるし、場数《ばかず》を踏んでいるので、間違いも起こりにくいからである。

新造の初体験を任された男性は、相応の金を払って処女をもらう。その料金は定かでないが、かなり高額だったことは間違いない。

◉「突上げ」を済ませたら本格デビュー

水揚げが終わると、本格的に客をとりはじめる。これを「突上《つきあ》げ」といい、事実上の遊女デビューを意味する。

突上げの際には、見世は紋書をつけた金銀の扇や盃《さかずき》を配ったり、若い者を数人同行させて挨拶まわりをしたり、赤飯を配り歩くなど、大々的に祝われた。

こうしてデビューを飾った遊女は、もはや見世に大事に扱われることはない。どんどん客をとらされ、稼がされる。「苦界《くがい》」と呼ばれる世界での、本当の苦労がここから始まるのである。

遊女たちが夢見た「身請け」。でもハードルは高かった！

◉大夫の身請けには何百両もの金が必要

遊女たちは来る日も来る日も客をとり続けた。遊女の仕事をやめられるのは、吉原なら27歳の年いっぱいまでと定められていた「年季明け（年明《ねんあ》き）」まで勤め上げるか、死んで投げ込み寺に捨てられるか、客に身請《みう》けしてもらうか、その3パターンしかなかった。

年季明けまで苦界で耐え続けるのは容易ではないし、自死にしろ病死にしろ死ぬのはつらい。もっとも望ましいのは身請けしてもらうことだった。多くの遊女たちが苦界に身を落とした瞬間から、「誰か、早く私を身請けして！」と心の底から願っていたのである。

そもそも身請けとは、なじみ客が見世に金を払って遊女を引き受けることを意味する。人気のある上級遊女なら引く手あまただろうと思いきや、人気者であればあるほど身請け金が高くなるため、そう簡単に実現しない。

最初に娘の親に渡した給金、見世への借金、これから稼ぐはずだった金、世話になった周囲の人々への祝儀……それらを合わせると、何百両という恐ろしい額が必要になるのだ。

それでも身請けしてくれる客はいて、名の知れた上級遊女が救われてもいる。たとえば、何代にもわたって名跡《みょうせき》が継がれた歴代の高尾太夫《たかおだゆう》は、2代目が仙台の大名・伊達綱宗《だてつなむね》に、4代目が備後三次《びんごみよし》の大名・浅野長治《あさのながはる》に、6代目と7代目が播磨《はりま》姫路の大名・榊原政岑《さかきばらまさみね》に……といった具合に、みな大大名に身請けされている。どれだけ金を払っても自分のものにしたいと思ってくれているのだから、女冥利《おんなみょうり》に尽きるというものだ。

とはいえ、大大名に見初《みそ》められるのはレアケースで、遊女のなかでもほんの一握りにすぎない。数千人に三〜四人くらいの割合だろうか。

◉もっとも幸せな身請けとは?

中級・下級遊女であっても、身請けしてもらえることはある。中級遊女で一〇〇両程度、下級遊女で数十両は必要だったようだが、惚《ほ》れた女をどうにかしてやりたいと願い出る客はいた。

惚れた遊女をコツコツと貯めた金で見請けしようとする男。そんな男をほかの客に抱かれながら想い続ける女。好き合った同士が一緒になるケースが、もっとも幸せな身請けだったといえるかもしれない。

また年季明けで、遊女時代に深い仲になった客と結婚する女性もいる。これは身請けではないが、年季明けで遊女をやめたら一緒になろうといってくれる男性の存在は大きかった。遊郭での長く苦しい生活も、一縷《いちる》の望みを持つことができれば耐え抜くことができたのである。

駆け落ちに失敗すれば、過酷な運命が待っていた

◉好いた男と添い遂げようと逃避行するが…

本気で好いた男性に身請けされたり、年季明けに一緒になったりすることは、遊女にとっての理想の未来の一つだった。しかし、彼女たちにとって男性に惚れ込むことは地獄でもあった。

惚れた相手が大金持ちならいいが、たいていの男は身請けする金など用意できない。そのうえ自分の年季明けはまだまだ先となると、お互いにつらいだけだ。頑張って金をつくって遊郭に通ってくれるのは嬉しいが、好きな相手に無理はさせたく

ないし、かといって来てくれないと会うこともできない。

客ではなく、見世の若い者と恋に落ちる遊女も少なくなかった。見世では遊女と店の者が恋仲になることをご法度《はっと》としていたが、そうはいっても規則で縛れるものでもない。遊女が朝早く客を送り出したあと、店の者が部屋に忍び込んで逢瀬《おうせ》を楽しむこともよくあった。

では、こうした相手と恋に落ちた遊女はどうしたのか？　多くの場合、郭から逃げた。いわゆる「足抜《あしぬ》け」である。

しかし、吉原での足抜けは想像以上に大変だった。吉原には「大門《おおもん》」と呼ばれる出入り口が一つしかなく、大門を通って逃げるには、男装して客に紛《まぎ》れて出るしかない。ただ、見張り役の町役人はそんなことはお見通しで、たいていは呼び止められてバレてしまう。

郭を囲んでいるお歯黒どぶを泳いで渡る方法もあったが、お歯黒どぶは泥が深く、よほど泳ぎが得意でなければ自殺行為となる。途中で見つかり、捕まってしまうのがオチだ。

運よく逃げ出せても、見世の者はしつこく追いかけてきて、結局は連れ戻されてしまう。足抜けに失敗した遊女は折檻《せっかん》を受け、ひどいときには殺されてしまった。

◉捨て鉢になって心中を選ぶことも

江戸時代、この世ではどうにもならない、添い遂げることはできないと悟った男女は、心中《しんじゅう》を選ぶことも少なくなかった。

遊女は籠《かご》の鳥だけに、そもそも自分の人生に悲観している。そのため、惚れた男から「一緒に死んでくれ」と頼まれると、あっさり死を選んでしまうのである。

また、1703（元禄《げんろく》16）年に『曽根崎《そねざき》心中』、1720（享保《きょうほう》5）年には『心中天網島《てんのあみじま》』と、遊女と恋人の心中を扱った近松門左衛門《ちかまつもんざえもん》の浄瑠璃《じょうるり》が次々とヒットしたり、享保年間（1716〜36）には宮古路豊後掾《みやこじぶんごのじょう》という人物が語った浄瑠璃節が流行したりと、心中が美化されたことも流行した理由と考えられている。

つらい勤めに耐えかね、遊女たちは放火を繰り返していた！

◉23回の火災のうち13回が遊女の放火

「火事とけんかは江戸の華」という言葉があるほど、江戸は火事の多い町だった。江戸の人口が増え、その多くが狭い居住区に木造住宅を建てて暮らしていたため、ひとたび火災が起こると、あっという間に延焼したのである。

吉原でも火災が多発した。隣接区域から広がってきた火災もあるが、吉原が火元となった火災が多かった。1800（寛政《かんせい》12）年から幕府が倒れた1868（慶応《けいおう》4）年までの約70年の間に、吉原で23回もの火災が起こり、11回は遊郭が全焼したのである。

いくら「江戸の華」とはいえ、これほど火災に見舞われるのはおかしい。いったい、何が原因で火が出たのだろうか？

実は23回の火災のうち、13回が遊女の放火によるものだった。遊女たちは自らの置かれた境遇があまりに不幸で耐えきれず、自暴自棄《じぼうじき》になって火を放ったという。あるいは、こき使う楼主への反抗心から付け火したようだ。

◉16人の遊女が起こした「梅本屋放火騒動」

遊女による放火事件のなかでよく知られているのが、1849（嘉永《かえい》2）年8月5日に発生した「梅本屋放火騒動」だ。

梅本屋の遊女・福岡が楼主から折檻をうけたすえに死亡。怒った遊女16人が結託《けったく》して梅本屋に火を放ち、消火活動の混乱に紛れて名主宅に飛び込んだ。そして犯人の遊女たちは、遊女・福岡の死亡と梅本屋でのひどい待遇など、楼主の悪行《あくぎょう》を役人に訴えたのである。

その後の調べによると、彼女たちの言うとおり、楼主は遊女に食事を朝夜の2回だけしか与えていなかった。しかも、食事の内容は雑穀を混ぜて薄めた雑炊のようなものに、腐った沢庵《たくあん》、味噌がほとんど入っていない味噌汁だけだった。それだけではない。遊女の稼ぎが少ないと殴る蹴るの暴行を加えてもいた。

こうした事実が明らかになり、楼主は全財産を没収されたうえ、流罪となった。一方、犯人の遊女たちは首謀者4人が流罪、残り12人は押し込め（屋敷内に幽閉して外出を禁じること）ですんだ。江戸の世において放火は重罪だったが、あまりにひどい境遇だったため、遊女側に温情ある判決が下されたのである。

最先端のヘアスタイルは遊女発信だった――ファッション❶

◉遊女は江戸のファッションリーダー

現代の日本女性のファッションリーダーといえば、モデルや女優、アーティストなどの有名人が思い浮かぶが、江戸時代にその役を担《にな》っていたのは、遊郭で働く遊女たちだった。

美しくてなんぼの商売だけに、遊女のファッションに対する感度は高い。髪形から衣装、化粧まで時代の最先端をいっており、当時の女性たちはファッション雑誌で人気モデルの写真を見るように、浮世絵などを参考に遊女のセンスを取り入れた。

ファッションの流行がもっともよく示されるのは、やはりヘアスタイルだろう。現代人には、浮世絵《ゆ》を見てもイマイチ違いがわからない、という人もいるだろうが、髪を束ねて結った日本髪にはさまざまな種類があり、流行が常に変化していた。

そうしたなかで、遊女は簪《かんざし》の挿し方や本数を変えたり、髷《まげ》を高くしてみたりと、さまざまな工夫を加えていた。それが一般の女性たちにも影響を及ぼしたのである。

◉遊郭発の三つの髪形とは

遊女が発信源となった髪形は、大きく三つに分けられる。「兵庫髷《ひようご》」「勝山髷《かつやま》」「島田髷《しまだ》」だ。

兵庫髷は、元吉原ができる前から江戸の大橋柳町にあった兵庫屋の遊女が結っていた髪形といわれている。それが元吉原で流行すると、兵庫髷をアレンジした「立《たて》兵庫」「横兵庫」など、多様なバリエーションが誕生。やがて吉原の外でも人気の髪形となったのである。

遊女のヘアスタイル

【立兵庫】

【横兵庫】

【島田（つぶし島田）】

【勝山髷】

勝山髷は、元吉原の末期から人気となった髪形だ。勝山とは、非公認の遊女である湯女《ゆな》から吉原で成り上がり、花魁がパレードするときの定番の歩き方「外八文字《そとはちもんじ》」を考案したことでも知られる伝説の遊女。その勝山が始めた武家風の髪形で、品があって美しいと評判を呼んだ。

勝山髷をアレンジした「丸髷」も、江戸時代後期以降、既婚女性の髪形として流行している。

島田髷は、江戸時代前期の男髷を基礎に成立したとも、東海道の島田宿の遊女が結い始めたともいわれる髪形。この島田髷から、髷の中央部をへこませて潰《つぶ》れた形にした「つぶし島田」、髷の根元を高くした「高島田」、さらに今も花嫁の定番の髪形となっている「文金高島田」などのバリエーションが生まれ、江戸時代後期の代表的な髪形となった。

江戸時代のヘアスタイルは、遊女抜きには語れないのである。

遊女の服装は時代とともにド派手に――ファッション❷

◉最初は驚くほど地味だった

金襴緞子《きんらんどんす》の打掛《うちかけ》を羽織り、帯を前で結び、頭に何本もの簪を挿し、高下駄《たかげた》を履いた花魁が、外八文字の歩き方でそろり、そろりと進んでいく――。

絢爛豪華《けんらんごうか》で艶《あで》やかな花魁の衣装は、遊女の典型的な姿として認識されている。時代劇でも遊女の衣装といえば、吉原の花魁のファッションが描かれることが極めて多い。たしかに間違いではないのだが、それは江戸時代中期以降の流行であり、吉原の遊女の衣装は時代ごとに変化していた。

初期の吉原の遊女は、あまり派手な装いをしていなかった。上級遊女であっても、庶民と大きく変わらなかった。幕府が吉原遊郭の設置を認める際につけた「遊女は豪華な衣装を着てはいけない」という条件はほとんど有名無実化していたが、それでも冒頭のような装いとは比べ物にならない地味さだった。

◉どんどん派手になった遊女の衣装

しかし17世紀末以降、江戸が経済的に潤い、急速に発展するにともない、遊女の衣装はどんどん派手になっていく。

たとえば、それまでは帯幅が狭く後ろで結んでいたが、まず帯幅が広くなり、次いで前で結びはじめた。帯の前結びは遊女だけでなく一般の女性の間でも行われていたが、しばらくすると一般では見られなくなり、遊女独特の着こなしとなった。

花魁がド派手な衣装で吉原を練り歩くようになったのは18世紀後半のこと。その頃の遊女は打掛《うちか》けという丈の長い小袖《こそで》を着ており、上級遊女になると打掛けを二枚重ねや三枚重ねにしていた。打掛けの裏は黒が一般的で、襟《えり》は白綸子《しろりんず》か白綾《しろあや》。打掛けの上から結ぶ帯は錦《にしき》緞子か金襴緞子だった。

また、「湯文字」と呼ばれる腰巻（下着）をまとったのだが、これが独特なもの

遊女の着こなしの変化

【寛文(1661〜73)年間の遊女】
髪は立兵庫で櫛やかんざしも挿していない。帯は後ろで結んでおり、全体にあっさりした身なり。

【天明(1781〜89)年間の遊女】
立兵庫だが櫛やかんざしを複数挿している。帯は太くなり前で結ぶように。打掛けは二枚重ね。

【天保(1830〜44)年間の遊女】
頭の飾りが大きく派手になり、かんざしを前からも挿すように。打掛けは三枚重ねで、帯は派手な形で前に結んでいる。

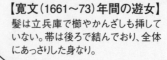

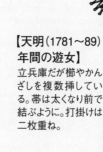

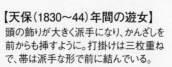

だった。一般の女性の湯文字は白色か浅葱《あさぎ》色なのに対し、遊女の湯文字は緋色《ひいろ》（やや黄色みのある鮮やかな赤）だったのである。

こうした衣装を着て吉原を歩いた遊女たちに多くの女性は憧れ、真似をしておしゃれを楽しんでいたのである。

結婚していないのに遊女がお歯黒をしたのは？——ファッション③

◉肌は色白、歯は真っ黒？

遊女は髪形、衣装だけでなく化粧にも凝《こ》っていた。江戸時代、美人の条件として色白が重視されるなか、一般の女性は白粉《おしろい》をなるべく薄く塗っていたが、遊女はたっぷり塗る。そして紅花からつくられた「紅」という化粧品を小皿に溶いて筆で唇《くちびる》に塗り、アクセントにする。そして歯にはお歯黒《はぐろ》をしていた。

お歯黒とは、結婚した女性が歯を黒く染める化粧のこと。せっかくの白い歯をなぜ黒く染めるのか？　と疑問に思うかもしれないが、江戸時代には女性が結婚するとお歯黒をするのが習わしだった。

それを見て、いろいろと妄想を膨らませた男性もいたといわれている。

亭主に死なれた女性がお歯黒をしていれば、「私は再婚する気はありません」という意味になる。それに対し、お歯黒をやめて白い歯に戻っていれば、誰かの後添えに入りたいのではないか、欲求不満で抱かれたいのではないかなどと、男性たちはあれこれ想像を膨らませたのである。

実際、再婚したい未亡人がお歯黒をしなければ、男性へのアピールになった。

◉遊女はお歯黒をするのが決まり

しかしながら、なぜ遊女は結婚していないのにお歯黒をしたのか？

遊女にとってお歯黒は、一人前の遊女の証しだった。遊女の場合、遊女見習いを卒業して正式な遊女になった証しとして、お歯黒をしていたのである。遊女を描いた浮世絵などではわかりづらい部分もあるが、お歯黒は欠かせないものだった。

遊女生活中はお歯黒をしていて、年季明けに歯を白くする。白い歯になる日を夢に見ながら、つらい日々を過ごす遊女も少なくなかった。

ちなみに、吉原のまわりを囲んでいる「お歯黒どぶ」（42頁参照）は、遊郭で働く女性たちがお歯黒をする際に使った液を捨てたために水が黒く濁《にご》ったことから名付けられた。それだけ多くの女性が吉原で暮らしていたということだろう。

五章

遊女が駆使した手練手管

これぞ、プロの悦ばせ方

キスは遊女にとって「手付け」「決まり」だった

◉日本人も昔からキスをしていた

現代において、キスはロマンチックな愛情表現といえるだろう。好きな人とはじめてのキス、愛情を確認し合った後のキス、セックスの前・最中・後のキス……。さまざまなシチュエーションで行われ、男女が心をときめかせる魅力的な行為である。

キスは欧米に特有の文化のイメージがあるため、日本で広まったのはわりと最近のことだと思っている人もいるかもしれないが、それは違う。平安時代前期の日記文学『土佐日記』に記述があるほど、古くから根付いていたのだ。

『土佐日記』には「口のみぞ吸う」という表現があり、セックスの前戯《ぜんぎ》としてキスが行われていたと推測されている。『土佐日記』以降の書物にも「口吸い」「吸い口」「口ねぶり」といった言葉が見られる。戦国時代になると、キスが愛情表現としても行われるようになった。

そして江戸時代には、庶民の間でもキスが流行。キスを意識してセックスの前に歯磨きをする習慣ができたり、前戯としてのキスが濃厚なものになったともいわれ

18世紀前半に描かれた浮世絵。男性客（左）の背後で女中（右）とキスをする色若衆（中央）。すでにキスは一般的な行為だったようだ。

る。実際、キスの場面を描いた浮世絵も多い。

また、江戸時代に発行されたセックスのハウツー本『好色旅枕』には、キスの作法が丁寧に解説されている。たとえば「寝室では女にやさしくまとわりついて艶《つや》っぽい物語を話し、ムードを高めてから口を吸うべし」とか、「男の舌を女に吸わせてはいけない。女の舌を出させて男の口に取り込み、歯が当たらないように唇で女の舌を抜いてしゃぶるようにすべし」といった具合である。

◉遊女とのキスは「おさしみ」？

では、遊女たちはどのようなキス

をしていたのだろうか?

吉原の遊女たちはキスを「手付け」とか「きまり」などと呼んでいた。客とするキスは、単なる手付けや決まり事だと考えていたのである。ただし、本気で惚《ほ》れさせたい客がいれば、心を込めた（ように見える）キスをした。

つまり、彼女たちにとってのキスは、客をものにするためのテクニックの一つだったといえる。

一方、客にとって遊女とのキスはレアだったから、「おさしみ」と呼んでいた。江戸時代に鮮度のいいさしみを食べるのは、海の近くにでも住んでいない限り、難しい。そんなさしみと同じくらい、遊女とのキスは貴重だったわけである。

左寝はNG！ 遊女が必ず客の右側に寝た理由とは

◉相手の右側に寝る人は「攻め好き」？

セックスでは「攻め好き」なS寄りタイプと「受け好き」なM寄りタイプがいる。はじめてベッドに入る相手がどちらのタイプかを事前に判断するのは容易ではないが、自分の右側に寝るか、左側に寝るかで見分けられるという説がある。

あなたが男性だとして、女性の右側に寝る人は「攻め好き」で、女性の左側に寝る人は「受け好き」だというのだ。

右利きの人の場合、右側に寝れば右手が自由になるから相手を攻めやすい。左側に寝れば、相手の右手が自由になるから攻めてもらいやすいというわけだ。左利きの人は、逆にして考えればいい。

ただし、この法則で遊女たちの性向を推測することはできない。いったい、なぜだろうか。

◉上座・下座のルールに則って右側に寝た遊女たち

実は遊女たちは、必ず客の右側に寝ていた。彼女たちがみな攻め好きだったとか、遊郭に通う男性たちがみな受け好きだったということではない。遊女が客の右側に寝ていたのは、上座・下座のルールによるものだ。

古来日本では、座席で序列を示す上座・下座の考え方を重視してきた。

そんな上座・下座のルールに従うと、布団のなかでは左が上座になる。そのため遊郭だけでなく一般家庭でも、男性は左に寝て、女性は右に寝るというのが習慣となっていた。

遊女たちは、客の身分が高かろうと低かろうと、必ず左に寝かせ、自分は右に寝ていた。それが遊郭でのルールだったからだ。ただし、遊女の右寝にはメリットがあった。

コトが終われば、遊女は後処理をしなければならない。その際、客の右側に寝ていれば、右手が使えて便利だったのである。遊女の右寝は、単なる風習だけではなく実益を兼ねた寝方だったといえるだろう。

「感じているフリ」ができるのが、売れっ子の条件！

◉「一に顔、二に床、三に手」

遊女が売れっ子になるためには、「一に顔、二に床、三に手」という三つの条件を満たさなければならないといわれていた。

一の「顔」とは、文字どおり顔が美しいこと。キレイな容貌が大切だ。一つ飛ばして三の「手」とは、手練手管《てれんてくだ》を意味する。「あの娘にもう一度会いたい！」と思わせるために、甘えたり、拗《す》ねたり、時には泣いたりして客をひきつける。

そして二の「床」とは、床上手であること。つまり客を喜ばせるテクニックに長《た》けていることで、これが三つのなかでとくに重要とされた。事実、顔はそこそこでも、性技が優れていれば人気は出た。

床上手な遊女であれば、客は喜んでまた通ってくれ、やがて常連になる。遊女たちにとっては、「床惚れ」させることが売れっ子への道だったのだ。

◉本気で感じるのは遊女の恥だった！

ただし、床上手として認められるには、卓越した性の技巧の持ち主であるだけでは十分とはいえない。真の床上手は、感じているフリをするのがうまかった。

遊郭では「感じるのは遊女の恥」といわれていて、いつも本気で感じている遊女はプロとして失格とすら見なされていた。そもそも多くの客を相手にするのに、いちいち感じていたら、体がもたない。

とはいえ、無反応でいれば客を満足させることはできない。そのため、感じているフリをして客をだました。

せつなげに悦楽の声を漏らすのは言うまでもない。陰部が濡れているように見せかけるためにフノリを溶かしたものを塗ったり、早く射精させるために湯で戻した高野豆腐を膣《ちつ》内に入れて男根を締めつけたりするなど、涙ぐましい努力をしていた。

遊女たちが会得した「イクのを防ぐ」ワザ

◉うわの空になって感度を落とす

「感じるのは恥」といわれていた遊女たち。遊女としては多くの客をとるためには、そう簡単にイクわけにいかない。遊女を管理する妓楼の経営者としては、彼女たちを疲弊させず回転率を高めるために、そう簡単にイカせるわけにはいかない。そうした状況が「感じるのは恥」という教えを生んだ。

とはいえ、なんと言おうが気持ちいいものは気持ちいい。頭ではわかっていても、体が勝手に反応してイッてしまうこともある。客のテクニックが凄かったり、自分が気持ちを入れている相手だったりすればなおさらだ。

しかし、感じてばかりでは体がもたないので、遊女たちはさまざま方法でイカないように心がけていた。

たとえば、イキそうになったら、ほかのことを考える。よがり声をあげながらも、昨日の昼食のメニューを思い出してみたり、ヘンな顔をしている楼主の息子のことを思い出したり……。すると、興ざめして感度が落ちる。

あるいは、客に気づかれないように腰を少しだけズラし、相手のイチモツを自分の快感ポイントからずらす。遊女はセックスのプロ。自分が感じるポイントは知り尽くしているから、これも有効な方法だった。

◉トイレで興奮を冷ます

時間稼ぎをする遊女も多かった。客の攻めがいったん落ち着いたときなどを見計らい、トイレに立つ。そして陰部の熱をさまし、膣口と肛門の間の「蟻《あり》の戸《と》渡《わた》り」という場所をマッサージした。こうすると、興奮がおさまるというのだ。

ただし、遊女のなかには、あえてイクことで仕事をはかどらせる

客との一戦を終えて、紙をくわえてトイレに立つところであろう遊女。しどけない着物姿が生々しい。
「吉原遊郭娼家之図」(部分)より

タイプもいた。たとえば、一日中予約が入っている場合、昼間の客としたときに一度イッておく。そうすることにより、夜の客を受け入れやすくなるのだ。

もちろん、しょっちゅう感じまくっていても元気に仕事を続けられるという特異体質ならば、何度イッても問題ない。感じまくって遊郭での生活を楽しく送りたいという根っからのセックス好きがいなかったとも言い切れない。

要は人それぞれということだが、遊郭では基本的には「感じるのは恥」と考えられていたということだ。

遊女の手のなかでフィニッシュしたい客には…

◉「手でイキたい」というリクエストも

現代の性風俗店には、〝本番〟ＯＫの店と禁止している店がある。吉原などの遊郭は当然ながら〝本番〟ＯＫだが、時には遊女のなかで果てるよりも、手でイカせてもらいたい客もいた。

また、遊郭へ遊びに来たのに、なぜか勃たない男性もいた。「息子よ、頼む！」と願えば願うほど、焦ってしまってどうにもならない。ああ、無念なり……。

こうした客が相手でも、なんとかして満足させるのが遊女である。セックスのプロである遊女は、わがままな客や体がいうことを聞かない客を、ちゃんとフィニッシュさせる術《すべ》を身につけていた。

◉下から上にこするように刺激する

手で気持ちよくしてほしいといわれたら、遊女はまず布団を高く積んで客を座らせる。その状態で客の前にしゃがみこみ、片手で客のイチモツをやさしくつかむ。そして陰嚢《いんのう》を下から揉《も》みあげつつ、もう一方の手で陰茎の根元を軽く握って、亀頭《きとう》を振るようにする。勃たない男性も、これで大抵は元気になる。

次は、陰茎を持っていた手でカリ首をすり下げるようにさする。そして少し硬くなったら、親指と人さし指で輪をつくり、亀頭の下あたりを刺激。この動作を続けていると、亀頭の先端から先走り液が出てくる。

次は陰茎を持つ手を逆手《さかて》にし、下から上にこするように刺激する。そのうち陰茎が充血してくるので、また順手《じゅんて》に戻し、こする手を早める。指が陰茎の根元に来たときに締めるようにすると効果は大きい。

この段階で陰嚢への刺激はストップし、客の意識が陰茎にだけ向くようにする。

ちなみに、指にツバをつけて刺激すると動きがスムーズになってしごきやすい。

ここまでくれば、あとはフィニッシュの瞬間を待つばかり。挿入をしなくても、遊女の手のなかで絶頂を迎えることができるのだ。

キスはしても、フェラチオはしなかった遊女たち

◉フェラチオは昔から行われていた!

現代の性風俗店では、フェラチオ(口淫《こういん》)が当たり前のように行われている。その技術を武器に、たくさんの指名をとる風俗嬢も少なくない。プロではなくとも、セックスの一環としてフェラチオをする女性は多いだろう。

そんな口淫は昔から存在していた。江戸時代には口淫を題材にした川柳がある。また、明治時代に発行された『女閨訓《じょけいくん》』は口淫のことを「口取り」と呼んでおり、その方法を詳しく解説している。

『女閨訓』によると、何より重要なのは、口だけでなく手も使うことだという。「口にて行うと云うも、大半は手にてこれを助くるなり」と書かれている。

さらに「仰向けの夫の側に座して、右手で男根を握り、こき上げ、こき下ろし、

同時に唇で雁首をくわえて舌先に力をいれて鈴口あたりを舐《な》めまわせ」とか、「親指の腹で鈴口を強く幾度も擦れば、夫が早くイク」、「イキそうになったら、乳を吸うように舌を動かして吸い取り、飲み込め」といった具合に、口淫の技術を事細かに説明しているのである。

100年以上前の本ではあるが、現代でも立派に通用しそうだ。

◉「シャワー浴びてきて」と言えないいつらさ

このように、江戸時代には一般にも普及していたと考えられる口淫。ところが、江戸時代の遊女たちは口淫をしなかった。その理由は、衛生上の問題にある。

当時、内風呂を備えているのは豪商や上級武士くらい。庶民が体をキレイにするには銭湯に行かねばならず、体は埃《ほこり》や汗まみれという日が珍しくなかった。豪商や武士であっても、吉原などの遊郭まで歩いてくれば、体は埃や汗で汚れてしまう。

現代の性風俗店なら、シャワーを浴びてからプレイに入るので問題ない。しかし、シャワーなどない江戸時代の遊女たちは、決して清潔とは言えない男性のイチモツをくわえるのを嫌がったのである。

では、男性が女性の陰部を舐めるクンニリングス（舐陰《しいん》）はどうだったのか？

これも遊女は嫌がった。遊女は朝風呂に入ると、それっきり風呂に入らない。1日に何人もの客をとったとしても、陰部は洗わない。そんな状況で、客に舐められるのは嫌だし、客としても先客の精液にまみれたアソコを舐めるのは気がひけた。

もちろん、遊女も本気で惚れた男性には口淫したかもしれないし、舐陰も許していたかもしれない。また、強引に求める男には嫌とは言えなかった可能性もあるだろう。それでも、プロの女性だからこそ、口淫には自制心を持っていたのだろう。

肛交を求められたときの、やり過ごし方とは

◉客からアナルセックスを求められたら?

男女のセックスは、男根を女陰に入れるのが基本である。そんな当たり前のことをわざわざ書くのもどうかと思うが、世の中には常識的なセックスでは満足できない人もいる。

そうした人たちが好むプレイの一つがアナルセックス（肛交）だ。肛交といえば男色をイメージする人が多いだろうが、男女間のセックスでも肛門を求める男性はいる。女陰より締まりがいいというのが理由らしい。

江戸時代にも肛交が行われていたようで、「表門より裏門は締まりよし」という川柳が残されている。

とはいえ、多くの女性にとっては、肛交など痛くてたまったものではない。求めてきた相手が自分の夫ならば、断ることもできるが、遊女は、そう簡単に断れない。困った彼女たちがどうしたかというと、渋々ながら受け入れていた。

◉仰向けか、うつ伏せに寝てやり過ごす

客から肛交を求められた遊女は、肛門を傷つけないように最新の注意を払った。まず体位は仰向け、もしくはうつ伏せに寝る。バックスタイルだと陰茎が奥深くまで入りすぎてしまうため、避けなければならない。

陰茎を挿入する前には、ローションのようなものを塗りたいところだが、当時は潤滑剤のような液体があるにはあっても効果がいまひとつだったため、あまり使われていなかった。そこで人さし指にツバをつけ、差し入れして濡らしておく遊女が多かったという。

いよいよ陰茎を肛門に挿入する段になったら、遊女は口を大きく開けて息を深く吸い、肛門の力を抜く。こうすると痛みを抑えられるが、やはり痛い。はじめてだ

と、なおさらつらい。

陰茎が入ったあとは、肛門に力を入れて固く締める。締め付けることにより、男性は早めに絶頂に達するうえ、痛みも少なくて済むのだ。それと同時に陰茎に手を添えて深く入ってくるのを阻止した。

肛交を楽しめる遊女もいるにはいた。最初は痛くてムリでも、慣れると気持ちよくなってきたそうだ。しかし、そんな遊女は少数派で、ほとんどは渋々求めに応じていたのである。

巨乳の遊女は、こうして江戸の男性を悦ばせた

◉「乳房淫」「紅葉あわせ」と呼ばれたパイズリ

パイズリに憧れる男性は大勢いるだろう。パイズリとは、女性の胸の谷間に陰茎を挟んで刺激する性技のこと。バストの大きな女性でないと不可能で、これを堪能できる男性は決して多くないことから「男のロマン」ともいわれる。

なんとなく外来のテクニックと思っている人も多いだろうが、どうやらそうでもないらしい。鎖国《さこく》が続いていた江戸時代、パイズリはすでに存在していたのだ。

当時、パイズリは「乳房淫」とか「紅葉合わせ」と呼ばれていた。実践していたのは庶民ではなく遊女たちで、妓楼の経営者のための指南書とされる『おさめかまいじょう』（遊女を「おさめ」＝管理し、「かまい」＝指導する方法が、「じょう」＝箇条書きにされているから）に、パイズリのテクニックが解説されている。

すなわち江戸時代のパイズリは、プロの女性が男性を楽しませる技だった。どんなやり方をしていたのか、『おさめかまいじょう』を見ていこう。

◉『おさめかまいじょう』に書かれた秘儀とは

『おさめかまいじょう』には、「ちちの大けなるおやま（遊女）、両ちちに挟み、そのなかにまらを入れる」と書かれている。「ちちの大けなるおやま」ということは、この段階でバストの大きな遊女限定のテクニックだったことがわかる（当然といえば当然だが）。

それはさておき、「まら」とは陰茎を意味するので、パイズリは女性の両胸に陰茎を挟むことから始まる。次に男性は腰を使って陰茎を刺激する。これで射精にいたらなければ、遊女が指で陰茎の裏筋をこすってやる。

これでも射精しなければ、遊女は両乳首を内側に向け、乳首でペニスを刺激する。

乳首のコリコリ感で絶頂に導くのだ。

母乳をローション代わりにするという裏技も面白い。出産後まもない女性でもなければ無理だろうが、現代ではローションなどでも代用できそうではある。

遊女たちが好んだのは、意外にもあの体位だった!

◉遊女が正常位を好んだ意外な理由

網代本手《あじろほんて》、唐草居茶臼《からくさいちゃうす》、横笛《よこぶえ》、つばめ返し、梃子《てこ》かがり、時雨茶臼《しぐれちゃうす》……。江戸時代にはセックスの体位がたくさんあった。

浮世絵師の菱川師宣《ひしかわもろのぶ》が48通りの体位を春画《しゅんが》として描いたことから「大江戸四十八手」とも呼ばれ、その後、しだいに数を増やして、現代では100以上の体位が伝えられている(なかには、どうやっても不可能そうな体位もあるが……)。

江戸の人々は春画のようにさまざまな体位で楽しんだようだが、では、セックスのプロである遊女たちは、どんな体位を好んだのだろうか?

吉原の遊女たちが仕事でよく使ったのは、意外にも正常位だった。素人《しろうと》の女性ではマネできないような、刺激的な体位を好んだのではないかと思いきや、現代でもっともオーソドックスな体位ともいわれる正常位が、一番人気だったのである。

◉正常位にもメリットとデメリットがある

正常位とは、仰向けになった女性に男性がおおいかぶさる体位。江戸時代にはまだ正常位という言葉はなかったが、吉原界隈《かいわい》では「まとも」とか「本手」とか呼ばれ、ふつうに行われていた。

この浮世絵のように客の首を抱きかかえてしまえば、相手の顔を見なくてよいかも。「閨中紀聞 枕文庫」より

なぜ遊女たちがオーソドックスな体位を好んで使ったのかというと、当時の男性が好んだ体位であり、それに彼女たちが合わせていたと考えられる。江戸時代の倫理観では、女性が足を広げるなどもってのほか。厳格な家庭では、たとえ家族の

前であっても足を大きく広げることが許されず、就寝時でさえ仰向けに寝ないようにしていた。

そうした意識は性交時も変わることなく、女性は正常位を恥ずかしがる。その点、遊郭に行けば、遊女が大胆に股を広げて男性自身を受け入れてくれる。そんなギャップが男性を燃えさせた。そして、そんな男心を察した遊女たちは、積極的に正常位を用いたというわけである。

ただし、正常位にもデメリットがあった。

遊女たるもの、好みの客だけでなく嫌な客の相手もしなければならない。嫌な客と正常位で交わるとなると、正面から顔を見ることになる。そのため、嫌な客のときには「恥ずかしいから」などと理由をつけ、行灯《あんどん》を足元に置くなどして、できるだけ顔を見ないで済むようにしていた。

事後も手を抜かない！　手紙攻勢で客をメロメロに

◉“特別感”を演出する

売れっ子の遊女になるためには、前述したように「一に顔、二に床、三に手」という三つの条件を満たさなければならない。ファーストインプレッションの容貌はもちろん、セックスの技術も重要だ。そして最後にモノをいうのが手、つまり手練《てれん》手管《てくだ》である。

美人な遊女、セックスが上手な遊女はたくさんいるし、そこで満足させたとしても、そのうち客は飽きてしまう。客をいつまでもつなぎ止めておくためには、手練手管と呼ばれる客あしらいのテクニックを駆使する必要があるのだ。

とくに重要なのが、セックスのあとである。

男性は女性と一戦交えると、「賢者タイム」といわれる冷めた時間に突入する。そのタイミングで、デキる遊女は添い寝するのだ。これを「裸寝」という。

素っ裸で横に寝るだけのシンプルなテクニックだが、男性にとっては非常に嬉しい行為であり、遊女も上客にしかしないため、特別感を与えることができた。

さらに別れ際には、別れを惜しんでみせる。恋人や夫婦のように寄り添って「惚れているのはあなただけよ」と思わせるのである。

客も「遊郭の女が、自分に本気で惚れるわけはない」とわかっている。それでも「もしかして俺にだけは本気かも……」と思わせることができれば遊女の勝ち。錯《さっ》覚《かく》させ、その気にさせることが大事なのだ。

◉手紙や「心中立て」で客を落とす

客が帰ってからも、遊女の手練手管攻勢は続く。手紙を書くのだ。

遊女たちはちょっとした時間を見つけ、せっせと手紙を書いた。客をその気にさせるには文章力が必要になるが、遊女は読み書きできる程度の教養は誰でもあったし、『遊女案文《あんもん》』という手紙の例文集には「なじみ客用」「ご無沙汰客用」など状況に応じた例文が掲載されており、それをもとに文章を書くことができた。

ライバルに差をつけたい遊女は、手紙にお香や白粉《おしろい》の香りをつけたり、口紅で手紙に色をつけたりするなど、さまざまな工夫を凝らした。涙ぐましい努力に、本気で惚れてしまう客が続出したことだろう。

客の反応がイマイチというときには、熊野神社の熊野牛王《ごおう》と呼ばれる護符の裏に誓いの言葉を書いた「起請文《きしょうもん》」を渡したり、自分の腕に客の名前を「〇〇命」と刺青《いれずみ》したりしてアピールすることもあった。さらに自分の髪の毛を客に切らせて渡したり、爪を削《そ》いで渡したり、指の先を切って渡す「指切り」まで行った。こうした証しは「心中立て」と呼ばれる。

そこまでするの⁈ という気もするが、そこまでして客をトリコにしようとする遊女の気概を褒《ほ》めるべきだろう。

六章

各地の遊郭と色里を知る

吉原だけじゃ物足りない?!

宿場町にできた非公認の色里「岡場所」が賑わった！

◉弾圧されても「飯盛女」は増える一方

江戸時代、幕府から公認されていた江戸の遊郭は吉原だけだったが、18世紀後半になると非公認の色里《いろざと》が増えていった。そうしたもぐりの私娼街《ししょうがい》のことを、人々は「岡場所」と呼んだ。岡場所の「岡」は、「脇《わき》」「本道ではない」という意味だ。ちなみに「岡惚《ぼ》れ」という言葉があるが、これも親しく接したことのない人や他人の恋人を、脇からひそかに恋い慕うことを意味する。

岡場所は幕府がいくら弾圧しても増え続け、最盛期には200か所にもなったといわれる。それほど岡場所が栄えたのは、〝大人の遊び場〟としての需要に吉原が応えられなくなっていたからである。

江戸の街はどんどん拡大し、人口も増加し続けた。しかも、江戸の街は男性であふれていた（1721年の町人人口約50万人のうち、なんと約32万人が男性）。吉原では遊び代がバカ高いし、何かとしきたりがあって面倒くさい。そうした理由で、手っ取り早く気軽に遊べる岡場所が大流行したのだ。

江戸の四宿と五街道

岡場所のなかでも、とくに賑わっていたのが四宿《ししゅく》である。すなわち、江戸・日本橋を起点とする五街道《ごかいどう》（東海道、中山道、奥州街道、日光街道、甲州街道）の最初の宿場町となる品川《しながわ》、内藤新宿《ないとうしんじゅく》、千住《せんじゅ》、板橋《いたばし》である。

宿場町では街道沿いに宿屋が並んでおり、宿屋には給仕をする「飯盛女《めしもりおんな》」と呼ばれる女性たちが働いていた。この飯盛女の正体が宿屋専属の遊女だったのだ。

もちろん飯盛女も幕府による弾圧の対象とされたが、取り締まってもいっこうに効果がなかったため、やがて幕府は四宿の遊里化を黙認するようになる。品川宿は５００人、残りはそれぞれ１５０人と遊女の数に制限が設けられるなか、実質的には倍以上の遊女が雇われていたといわれる。

◉「四宿」のうち品川と内藤新宿が大繁盛

四つの宿場町のなかで、もっとも繁盛していたのは品川だった。

品川は江戸の日本橋からわずか8キロメートルほどの場所にあり、朝に出発すると昼前には着いてしまうため、江戸を発《た》った旅人はほとんど利用しない。しかし、遊女目当ての男性たちが大量に押し寄せ、東海道一の賑わいを見せていたのである。吉原を「北里」、品川を「南里」といい、何かにつけて吉原と比較される存在だったことからも、品川の賑わいがわかる。

品川の次に繁盛していたのは内藤新宿。妙法寺《みょうほうじ》の信仰が盛んになると、男性たちは「ちょっと、お寺参りに……」という口実でここにやってきた。参拝の帰りに遊女とお楽しみというわけだ。

一方、千住と板橋は、品川や内藤新宿と比べてランクが落ちた。千住は江戸市中からは少し離れているうえ、途中に吉原があったため、足を運ぶ遊客は多くなかった。宿場としての規模は大きかったが、それほど賑わってはいなかったという。

千住以上に寂しかったのが板橋である。一時期は品川につぐ150人の遊女を置いていたが、その質が劣っていたとされる。田舎っぽくて洗練されていない遊女が多かったらしい。しかも客筋が悪く、けんかがしょっちゅう起こっていた。

1774（安永《あんえい》3）年発刊の洒落本《しゃれぼん》『婦美車《ふみぐるま》紫《むらさき》鹿子《かのこ》』に発表されている江戸の岡場所ランキングによると、吉原が「上の上」、その次が品川、板橋は上から6番目の「中の下」だった。

人気の岡場所・深川で、芸者たちが男装をした理由は？

◉門前町の深川は岡場所だらけ

江戸で活況を呈していた幕府非公認の色里は、四宿だけではない。深川《ふかがわ》も四宿以上の人気を誇っていた。

深川は、1627（寛永《かんえい》4）年に富岡八幡宮《とみおかはちまんぐう》ができてから門前町《もんぜんまち》として発展した町。江戸の南東（辰巳《たつみ》の方角）に位置するため「辰巳」と呼ばれた。

深川の町が賑わうにつれて岡場所も増えていき、やがて岡場所だらけになっていく。なかでも「深川七場所」と呼ばれる富岡八幡宮周辺の岡場所はほかに比べて高級で、その筆頭格である仲町は江戸でもっとも高級な岡場所とされた。

そんな深川の岡場所に人気があった理由は、遊女だけでなく芸者にもあった。いわゆる深川（辰巳）芸者である。深川芸者は「芸は売っても体は売らぬ」と、色より芸を重んじ、酒席で見事な舞や三味線を披露した。江戸前の粋《いき》と気風《きっぷ》のよさがウケたのだ。

そんななか、1770(明和《めいわ》7)年頃から、深川芸者のなかに「羽織《はおり》芸者」と呼ばれる羽織をまとった芸者が現れはじめた。当時は羽織といえば男性が着るものだったから、なぜ男装をしているのかと不思議がられた。実はこれ、お上による岡場所への取り締まりの目をごまかすための苦肉の策だったのである。

◉男物の羽織は、お上を欺くためだった

非公認の色里を禁止したい幕府は、岡場所を取り締まりの対象としていたが、岡場所側もあの手この手で抜け道を探して商売を続けようとする。そうしたイタチごっこが長く展開されていた。

そうしたなか、深川の遊女屋は娘を買い受ける際、娘を男性の奉公人に仕立てることを思いついた。商家の丁稚奉公《でっちぼうこう》のように見せかけようとしたのである。年季証文には、菊弥、音吉といった「〜弥」「〜吉」などの男性の名前を書いてごまかし、服装も男物の羽織をまとわせて男性を装った。

つまり、深川の羽織芸者は方便《ほうべん》のための男装だったわけだが、この珍しいいでた

ちが、意外にも下町の男性にウケた。羽織を着こなした姿は「芸は売っても身は売らない」と啖呵《たんか》を切る深川芸者にうまくマッチして、一躍人気になったのである。

ただし、深川芸者が「芸しか売らないよ」と言うのはあくまでも建前でしかない。芸だけを売る者もいるにはいたが、多くは遊女と同じサービスを提供した。それどころか、客を見て選ぶことなく寝る（転ぶ）ことから、「不見転《みずてん》」と呼ばれるほどたくさんの客をとっていたという。

不謹慎では？ 寺社の近くに岡場所が密集したなんて…

◉岡場所と門前町の不思議な関係

富岡八幡宮の門前町である深川が岡場所だらけだったことからもわかるように、岡場所は門前町に集中していた。その3分の2くらいが寺社の領地内にあったともいわれており、深川のほかにも根津《ねづ》は根津神社（文京区）の門前町に、音羽《おとわ》は護国寺《ごこくじ》（文京区）の門前町に、谷中《やなか》いろは茶屋は谷中の天王寺（台東区）の門前町に位置していた。

そもそも門前町とは、寺社の参道を中心に形成された町のことで、参拝客が立ち寄ることで発展した。門前町が発展すれば寺社への参拝客が増え、参拝客が増えれば門前町はますます栄えるという循環により、双方が成長してきたのだ。

だが、ここで疑問が浮かぶ。なぜ、神聖な場所である寺社の周囲に、男女がセックスにふける岡場所が集まったのだろうか？

それは門前町が盛り場だったから、ということに尽きる。

◉「精進落とし」を口実に遊女屋へGO！

娯楽の少ない江戸時代には、寺社を詣でる物見遊山《ものみゆさん》が多くの人々にとって楽しみの一つだった。寺社側もこれを見越して御開帳《ごかいちょう》（保管されている貴重な仏像などを特定の日だけ公開すること）などのイベントを開き、参拝客を呼び込んでいた。

たくさんの人が集まれば、休憩や食事をしたり、買い物をしたり、遊んだりする場所が必要になる。そこで門前町に飲食店や土産店、芝居小屋などが集まり、一大盛り場になると、今度は参拝より遊び目的で門前町にやってくる人が増える。この人出の多さに目をつけたのが遊女屋で、門前町に店を出すようになったのだ。

寺社を参詣したあとに精進落《しょうじん》としをする風習があったのも、遊女屋には追い風になった。男性たちは精進落としを口実にして、参詣帰りに大いばりで遊女屋に立ち寄ったのである。もちろん、参拝よりも遊女と遊ぶのが一番の目的という男性が大勢いたのはいうまでもない。

寺社の周囲に遊女屋があるのは不謹慎《ふきんしん》ではないか、という声も上がるだろうが、当時の人々は現代より性的なものに対して寛容だった。そのため、門前町に遊女屋ができてけしからん！　と目くじらをたてる人もいなかったのだ。

吉原から客を奪った「湯女風呂」の魅力とは

◉ふつうの銭湯が、夜になると大変身！

ソープランドといえば、現代における定番の性風俗店の一つ。風呂付きの部屋で風俗嬢が本番アリのサービスをしてくれる。そのソープランドと同じような店が江戸時代にも存在した。「湯女風呂《ゆなぶろ》」である。

江戸時代には「湯屋」と呼ばれる銭湯が大流行し、人々は毎日のように湯屋へ通って一日の汗を流していた。江戸時代中期になると、江戸の町で６００軒もの銭湯が営業していたという。

銭湯には「三助《さんすけ》」という男性がおり、客の垢《あか》すりや髪洗いをしてくれた。一方、湯女風呂では「湯女」と呼ばれる女性が客の性の処理をしてくれた。

湯女風呂は、昼はふつうの銭湯として営業している。しかし、夕方になると幕府非公認の風俗店に変身した。

湯女はまず、風呂の洗い場にしつらえた座敷に腰を下ろし、三味線を鳴らして小唄を歌いながら格子越しに客をつかまえる。そして客の入浴の世話をしつつ、性的なサービスを行うのである。

◉伝説の花魁・勝山も湯女出身だった

この新手《あらて》の風呂屋に、多くの江戸っ子たちがハマった。湯女風呂は当時の一般的な色里で遊ぶより安く、吉原のように格式張っていないため、銭湯に入る感覚でふらりと立ち寄れる。しかも、湯女たちは色気たっぷりの美人ぞろい。

気軽に行けて美人からサービスを受けられるということから、江戸っ子たちはこぞって通い詰めた。そのせいで、吉原が寂《さび》れたといわれるほどだった。

人気店は、現在の千代田区神田淡路町あたりにあった「丹前《たんぜん》風呂」だ。この湯女風呂はとくに美女ぞろいと評判だったが、なかでも超売れっ子の湯女・勝山《かつやま》の元に客が殺到した。

湯屋の流し場で客の世話をする接客係という名目で、性的サービスをした湯女。「守貞謾稿 20巻」より

とはいえ、湯女風呂はあくまで幕府非公認のもぐりの風俗店にすぎない。客を奪われて怒った吉原が、お上に湯女風呂の禁止を訴え出ると、幕府はこれを厳しく取り締まった。

しかし、効き目がないため、「風呂屋の抱え女は1軒につき三人まで」と定員を定めて商売を抑制する策に転じる。

それで湯女風呂は大打撃を受けたと思いきや、湯女の名前を「かみあらい女」に変えて置くなどの戦略でイタチごっこを展開。元禄《げんろく》時代（1688〜1704）に地震が起こって人気が下火となるまで、たくましく営業を続けたのである。

茶屋＝喫茶店かと思いきや…「茶汲女」のサービスがすごい！

◉休憩所から「もぐりの遊女屋」へ

江戸っ子たちの間でアイドル並みの人気を誇ったのが、水茶屋《みずぢゃや》に勤める「茶汲《ちゃくみ》女《おんな》」である。美人の茶汲女は、芝居や錦絵《にしきえ》のモデルとして取り上げられるほど、注目される存在だった。

茶汲女という名前から客にお茶を出す仕事、現代のウェイトレスのような女性を思い浮かべるだろうが、それは違う。実は、茶汲女の多くが私娼だった。そもそも彼女たちがいる茶屋は、喫茶店というより遊女屋のような場所だったのである。

歴史を遡《さかのぼ》ると、茶屋は客が縁台でお茶を飲みながら一休みする簡易の休憩所から始まった。時代劇に出てくる峠の茶屋をイメージするとわかりやすい。

江戸時代の茶屋は、主に寺社の境内や門前町で参詣客相手の休憩所として発展する。朝早くに店を開き、参詣客がいなくなる夕方には店じまいする店が多かった。それが17世紀末頃には、お茶出しの手伝いとして雇っていた「茶汲女」が店の看板娘となり、彼女たちを目当てにした男性客が殺到。この茶汲女ブームに目をつけた茶屋の主人が若い娘をそろえ、色気を売りにした商売を始める。

そして茶屋の主人は、下心のある男性客のニーズに応えるように、茶汲女に客をとらせるようになった。つまり、純喫茶から始まった茶屋が、キャバクラのように女性目当ての店となり、いつしかもぐりの遊女屋へと姿を変えたのである。

たとえば江戸屈指《くっし》の繁華街である浅草には、20軒の水茶屋が並んでいた（二十軒茶屋）。当初は浅草観音の参詣客相手にした休憩所だったが、やがて茶汲女のいる店に変身。表向きはふつうの水茶屋のように見せていたが、裏の個室に客を招き入れていた。

◉出会い茶屋は不倫カップルが利用した

なかには茶屋を装うこともせず、完全な遊女屋と化した茶屋もあった。いわゆる「色茶屋」である。有名なのが上野の谷中《やなか》にあった「いろは茶屋」で、上野周辺の寺の僧侶たちが「あくまで茶屋に行くだけだから。茶屋に行くのだよ」と言いつつ足しげく通っていたという。

さらに、現在のラブホテルのような「出会い茶屋」も存在した。上野の不忍池《しのばずのいけ》のほとりに多くの出会い茶屋が立ち並んでおり、名物の蓮《はす》を見ながら蓮飯を食べさせるというなかなか風流な店が多かった。しかし、その実態は、主に中年の不倫カップルが逢引《あいび》きに利用する場所だったという。

料金はかなり高かったが、そこそこお金のある中年の男女がしっぽりと逢瀬《おうせ》を楽しむには最適の場所だった。

ちょいと兄さん…最下級の私娼「夜鷹」って？

◉格安かつ素人っぽさが魅力

遊女のランクにおいて、最上級は吉原の花魁だった。では、最下級の遊女は誰かというと「夜鷹《よたか》」と呼ばれる一匹狼の私娼である。

その名は、夜間にうろつくからとも、夜鷹という名前の鳥がいたからともいわれ、定かではない。江戸だけでなく各地におり、大坂では「惣嫁《そうか》」、京都では「辻君《つじぎみ》」と呼ばれていた。

夜鷹はゴザ一枚を抱え、頰《ほお》かむりした手ぬぐいの端をくわえている。町を流しながら客を探し、物欲しげな男性を見つけると、「ちょいと兄さん……」と声をかけて暗がりに誘う。

そして客と交渉が成立すれば、屋外の土手や河原など人気のない場所に敷いたゴザの上でコトに及ぶのである。相場は二四文、現在の貨幣価値では480円程度だったとされるが、実際には五〇～一〇〇文（1000～2000円）くらい払ったともいわれている。

夜鷹がターゲットにするのは、吉原などではとうてい遊べない武家の召使いや商家の下級奉公人、日雇い労働者など。最下級の遊女だけに容貌には期待できないが、料金の安さと素人《しろうと》っぽさがウケて客には困らなかったらしい。

元遊女から主婦まで、金に困った女性が手っ取り早く稼ぐ手段として、夜鷹になることも多かった。
「江戸職人歌合」より

◉生活に困った人妻が夜鷹になることも

夜鷹の実入りは決して多くはない。しかし、吉原などの遊女と異なり、年季に縛られない個人営業であるため、好きなときに始められ、好きなときにやめられる。この〝気軽さ〟から、生活に困り手っ取り早く稼ぎたい元遊女が、夜鷹になるパターンが多かった。

あるいは、金欠気味の素人《しろうと》が昼間はふつうの仕事をしながら、夜になると夜鷹に変身することもあった。このパターンの夜鷹は人妻が多く、年齢も幅広い。厚化粧で年をごまかした老女の夜鷹も珍しくなかった。

こうしたメリットの半面、夜鷹にはデメリットもあった。たとえば、いたした後に金を払わず逃げたり、危険なプレイを強要したりする客と遭遇する可能性が少なくない。また、お上《かみ》による取り締まりが入ることもある。これらは個人営業ゆえのリスクである。そこで夜鷹はリスクを避けるため、「牛《ぎゆう》」と呼ばれる用心棒を見張りにつけていた。

牛をつとめるのはヒモや恋人。まれに夫のこともある。この牛については、興味深い話が残されている。

妻が夜鷹同士という二人の浪人が、自分の妻の見張りをするのがつらいため、用心棒を交代し合った。最後は、早く帰らないと大家に木戸を閉められてしまうと心配するが、大家のおかみも夜鷹だから大家もいないというオチがつく。

生活のためとはいえ、夜鷹となって客をとる妻の手助けをしなければならない夫の悲哀が感じられる。

水の都・江戸に現れた「船饅頭」の恐ろしさ

◉饅頭は饅頭でも…

江戸の町は「水の都」と呼ばれるほど水運が発達しており、隅田《すみだ》川や神田《かんだ》川、汐留《しおどめ》川などの河川を多くの舟が行き来していた。荷揚げや荷下ろしをする河岸の周辺には商家の蔵などが立ち並び、賑わいを見せていた。

当然、そうした場所には多くの人が集まってくる。その人々をターゲットに体を売っていたのが「船饅頭《ふなまんじゆう》」と呼ばれる私娼である。

船饅頭は河岸《かし》で客を引き、舟のなかで行為におよぶ。その名は、停泊中の舟で饅頭を売るという口実で誘っていたことに由来するといわれる。もちろん、饅頭とは女性器の隠喩《いんゆ》である。

声に誘われ、饅頭を買おうとして舟に乗ってみたら、売っていたのは声をかけてきた女性そのもの。バカ正直に信じた男性は、さぞかし驚いたことだろう。

◉歩けないほど性病が進行した遊女も

船饅頭の動きが目立つようになったのは18世紀末頃で、舟が停泊する河岸を中心に姿を現した。とくに隅田川の中州の脇や永代橋《えいたい》、深川、越中島《えっちゅうじま》などに出没し、小舟を浮かべて客を待っていた。

船饅頭が用意している舟はせいぜい二〜三人しか乗れない小舟で、船饅頭が自分で漕《こ》ぐことがあれば、船頭が一緒に乗っていることもあった。船頭が一緒の場合、客と船饅頭は船頭のすぐ隣でコトに及ぶわけだが、慣れっこの船饅頭はともかく、客のほうがどう思っていたのかは気になるところである。

料金は五〇〜一〇〇文、現在の貨幣価値では1000〜2000円程度。最下級の遊女といわれる夜鷹より若干高い（夜鷹は二四文）のは、舟を使う経費がかかるから。舟代を除けば夜鷹より割安になる。売れなくなった夜鷹が船饅頭になるケースもあったという。

ただし、船饅頭は性病を持っている可能性が高い。遊女の性病危険ランクでは、船饅頭が夜鷹を上回るワーストワンといわれているのだ。

実際、船饅頭のなかには性病が悪化してまともに立てなくなった者もいた。だが舟上の売春ならば、歩けなくても用は足りるというわけだ。

「性病のリスクは高いけど、格安だし、手っ取り早くデキるならまあいいか」という男性たちが、気軽な遊び相手として船饅頭を選んでいたのである。

若いイケメンと遊びたいなら「陰間茶屋」へ

◉お値段は高かった男色遊び

最近は日本でも同性愛者や両性愛者といったセクシャルマイノリティ（性的少数者）が少しずつ受け入れられるようになってきているが、同性愛に関しては、江戸時代以前のほうが現代より寛容な面があった。

その証拠に、江戸には「陰間《かげま》」と呼ばれる男色専門の男娼がおり、陰間を置いている「陰間茶屋」という店が存在した。関西にも「若衆茶屋」「若衆宿」などと呼ばれる店があった。

当時の陰間は遊女と同じく、子どもの頃に身売りされ、陰間になるべく育てられ、

江戸中期の浮世絵師・鈴木春信が描いた、陰間と客の性交。

10代前半でデビューした。ただし、売れない若手の歌舞伎役者がアルバイトで陰間をすることも多かったという。

陰間も歌や三味線などの教養を求められ、なかには影人形を使ったり、口から水を出すようなお座敷芸を売りにした陰間もいた。

もっとも、陰間は美少年であることが条件だったため、輝ける時代は遊女以上に短い。盛りは16～17歳くらいまでで、20歳になると陰間をやめて芸人になったり、役者一本に絞ったりした（なかには四十路《よそじ》近くにもかかわらず、19歳と言い張って商売するふてぶてしい陰間もいたようだが……）。

では、陰間茶屋のシステムはどうなっていたのだろうか？

まず客は近くの料理茶屋に入り、陰間を呼び寄せる。すると指名を受けた陰間が振袖を着た女装で出向いてくるというやり方をとっていた。

料金は吉原の中級遊女並みだったとされる。しかも、料理屋の料理代や酒代もかかったため、陰間と遊ぶにはそれなりの金がかかった。ある意味、金持ちの道楽ともいえる。

◉芝居町や門前町で繁盛した

江戸の陰間茶屋は、芝居町や門前町を中心につくられていた。それは歌舞伎役者が陰間になっていたことや、女犯《にょぼん》を敬遠する寺社の僧侶らの利用客が多かったことと無縁ではない。

陰間茶屋のあるエリアとして有名だったのは芳町《よしちょう》（現在の日本橋人形町あたり）。ここは歌舞伎の中村座、市村座がある芝居町で、多くの歌舞伎役者が陰間茶屋で働いていた。そのため、ほかのエリアより格上とされていたのだ。

僧侶相手の陰間茶屋としては、岡場所としても知られる湯島《ゆしま》や芝神明《しばしんめい》が有名だった。ここは芳町に次ぐランクに位置付けられ、湯島は上野寛永寺、芝神明は増上《ぞうじょう》寺《じ》の僧侶を客として繁盛した。

これ以外にも赤坂、本所回向院《ほんじょえこういん》などに陰間茶屋がつくられていたが、幕府の取り締まりもあり、次第に衰退。芳町、湯島、芝明神の3か所が残った。

江戸・吉原のモデルとなった「島原遊郭」——各地の遊郭❶

◉その名は「島原の乱」に由来？

京都の「島原遊郭」は、江戸の吉原、大坂の新町とともに日本の三大遊郭の一つに数えられる大規模な色街だった。

そのルーツは、16世紀末の安土桃山《あづちももやま》時代に遡る。時の関白・豊臣秀吉の許可を得た原三郎左衛門《はらさぶろうざえもん》秀正《ひでまさ》と林又一郎《はやしまたいちろう》という浪人が、室町時代から京都の各地に存在していた遊女屋を二条万里小路《までのこうじ》に集め、本格的な遊郭としたのである。郭の入り口に柳が立っていたことから、これを柳町遊郭という。

その後、柳町遊郭は移転を繰り返す。1602（慶長《けいちょう》7）年に六条へ、1640（寛永《かんえい》17）年には幕府の命令で朱雀野《しゆじやかの》へ移り、朱雀野の新しい遊郭が島原遊郭の始まりとなった。

ちなみに「島原」という名前は、移転につぐ移転で遊女屋の経営者が混乱し、島原の乱の慌ただしさに似ていたからとか、郭の形が島原の城に似ていたからなどといわれているが、真偽ははっきりしない。

島原遊郭は堀と土塀によって外界と隔絶され、入り口には大きな門があり、番所が置かれていた。この形状が吉原に受け継がれたため、島原遊郭と吉原遊郭はよく似ているのである。

◉遊女の格の高さが自慢

島原遊郭の遊女は非常に格が高かった。太夫《たゆう》と呼ばれる最上級の遊女に対して、朝廷から正五位《しょうごい》の位が与えられていたくらいである。正五位とは天皇への謁見《えっけん》が許されるレベルなので、そのへんの武士より立場はずっと上だったことになる。

京都という土地柄もあり、遊女の教養の高さも図抜けていた。文学や書道の専門教育を課している遊女屋もあったほどで、元禄期には「文章は御所の女官に、筆跡は島原の遊女を手本にすべし」とまでいわれていたという。

遊女の数は1700（元禄13）年には362人、1715（正徳《しょうとく》5）年には483人に達した。そして1790（寛政《かんせい》2）年には、検挙された私娼などが1300人も島原送りになったため、数の上でも他を圧倒した。

しかし18世紀末頃から、島原遊郭はしだいに廃《すた》れていく。祇園《ぎおん》や二条新地、七条新地、北野上七軒《きたのかみひちけん》に、幕府の認可を得た遊郭が設置されたからだ。新たな遊郭に、島原に仲介料を支払わなければならないとか、遊女の数を制限しなければならないといった縛りが課せられたものの、島原の独占的な地位は奪われてしまった。

島原の衰退傾向は、江戸時代末期から明治時代になっても続いた。そこで島原は、遊郭としてではなく、時代村的な観光地として生き残りをはかろうとする。そして昭和に入ると、少し息を吹き返したが、往時の勢いは取り戻せなかった。

名妓で知られる夕霧がいた「新町遊郭」——各地の遊郭❷

◉豪華な揚屋が大坂人を魅了した

俳句の季語に「夕霧忌《ゆうぎりき》」という言葉がある。これは、夕霧という名前の遊女の命日にちなんだものだ。夕霧は芸事に秀でた絶世の美女で、当代最高の太夫といわれ、近松門左衛門《ちかまつもんざえもん》の浄瑠璃《じょうるり》や歌舞伎《かぶき》などでも語られている。その夕霧太夫が活躍していたのが、大坂の「新町遊郭」である。

新町遊郭の誕生は、大坂城の築城に関係がある。1583（天正《てんしょう》11）年に大坂城の建設工事が始まると、作業に従事する男性たちをターゲットにした遊女屋が乱立。それらを豊臣秀吉が1か所に集めようと、遊郭の設置を認めることにした。

その遊郭は16世紀末期から初頭にかけて、伏見呉服町《ふしみごふくちょう》から道頓堀《どうとんぼり》へ移転。さらに1620年前後には幕府に対して、大坂城の近くを流れる木津川《きづがわ》の中洲への遊郭建設申請が出され、1629（寛永《かんえい》6）年に新町遊郭が開業した。

当初は遊郭新設の功労者である木村又次郎《きむらまたじろう》にちなんで「又次郎町」と呼ばれていたが、大坂市中の遊女屋が次々に移転してきて新しい町が開かれたためか、いつしか「新町遊郭」と呼ばれるようになった。

新町遊郭はしだいに繁栄し、1697（元禄10）年には28軒の揚屋と48軒の茶屋、800人以上の遊女を抱えるまでに発展した。その規模は島原や吉原にはかなわなかったが、揚屋の豪華な雰囲気は唯一無二であり、多くの大坂人から愛された。

遊女も冒頭で紹介した夕霧をはじめ美女ぞろい。原則、郭の外へ出ることを禁じられていた吉原と異なり、番人に祝儀《しゅうぎ》を渡せば外出も可能だったというから、新町の遊女は吉原遊女に比べて自由度は高かったようだ。

◉独自の色で勝負した後発の色街

大坂には幕府非公認の遊里《ゆうり》である岡場所も多かった。

近松門左衛門の『曽根崎《そねざき》心中』の舞台となったのが、17世紀後半につくられた

「曽根崎新地《しんち》」。諸藩の蔵屋敷が近かったため、武家の客が多かった。その隣に設置された「堂島新地《どうじま》」は、この地に移転してきた米市場の商人たちが多く利用した。

明治時代以降に新設され、人気を博した遊郭も少なくない。

1869（明治2）年に開設された「松島遊郭《まつしま》」は、大阪の川口に外国人居留地が設定されたことがきっかけで生まれた。多くの遊郭が一見《いちげん》の客を断っていたのに対し、松島は一見の客を歓迎したことから人気が上昇。1877（明治10）年の西《せい》南《なん》の役の際には、出征する軍人や商人で大繁盛し、関西随一の遊郭となった。

「飛田新地《とびた》」は曽根崎新地などが火災をきっかけに消滅したあと、1918（大正7）年に誕生した。後発ゆえに妓楼《ぎろう》を建設して貸し出したり、昔ながらの格子を撤廃《てっぱい》したりしたほか、ダブルベッドの導入、カフェやダンスホールの設置などさまざまな工夫を凝《こ》らし、関西を代表する遊郭へと成長した。

外国商人の元へ遊女が出向いた「丸山遊郭」——各地の遊郭③

◉出島や唐人屋敷に派遣された遊女たち

江戸時代の日本は鎖国《さこく》をしていたが、長崎に関してはオランダ人と中国人の来航

遊女や日本の侍、唐人の姿が描かれた丸山遊郭の図。
『肥前崎陽玉浦風景図』より「肥前長崎丸山郭中之図」(部分)

が認められていた。その長崎に設置された「丸山遊郭」である。1642(寛永《かんえい》19)年、長崎各地にあった遊女屋を集める形でつくられた。

開設当初、丸山遊郭の客は日本人ばかりだったが、元禄時代に入ると外国人の相手もしはじめる。ここが吉原や島原、新町などのほかの遊郭とは決定的に異なる点だ。

長崎に来航した外国人は、長崎市中を自由に歩きまわれたわけではない。オランダ人は出島《でじま》、中国人は唐人屋敷《とうじんやしき》から出ることを禁止されていた。しかも彼らは単身赴任でやってきており、女っ気のまったくない生活を長期間強《し》いられていた。そこで幕府の許可のもと、丸山遊郭から遊女が派遣されることになる。

遊女たちは、オランダ人の相手をする遊女を「阿蘭陀《おらんだ》行き」、中国人の相手をする遊女を「唐人行き」、日本人の相手をする遊女を「日本行き」と呼んでいた。

江戸時代末期には、「稲佐《いなさ》行き」と呼ばれる遊女も出てくる。稲佐とは、ロシア使節の軍人・プチャーチンが来航時に上陸地として指定し、その後、ロシア艦隊の休息地となった漁村の名前。すなわち、稲佐行きはロシア人の相手をする遊女を意味した。稲佐にロシア人向けの遊郭が設置され、丸山遊郭から30人近い遊女たちが派遣されたのである。

◉外国人と夫婦同然の関係になる遊女も

外国人の元へ出向いた丸山遊郭の遊女たちは、最初のうちは夕方に着いて翌朝に戻ってきていた。しかし、しだいに1週間から10日間、長いときには1か月から2か月にもわたって泊まり込むケースが増えた。こうなると、もはや夫婦同然である。

長い時間をともに過ごした二人は、遊女と客という関係を超えた存在になる。そして外国人が長崎を離れるときには、白砂糖や絵鏡、ガラス板、靴や傘、洋ダンス、ティーセットなど、国内では珍しい品々を遊女にプレゼントして帰った。なかにはラクダを贈られた（！）遊女もいたという。

江戸時代から幕末維新期にかけて重要な役割を果たした丸山遊郭だが、明治時代に入って唯一の開港地という特殊性が失われると、遊郭としてもじょじょに廃《すた》れていった。

ハリスの要求で開設された横浜の「港崎遊郭」——各地の遊郭❹

◉吉原のシステムと、丸山の接客をミックス

江戸幕府は1858（安政《あんせい》5）年6月、アメリカの日本総領事・ハリスと日米修好通商条約を結ぶ。その際、ハリスは幕府に遊郭の開設も要求したといわれている。条文に記載されていないため、真偽ははっきりわからないが、横浜が開港すれば外国人がどっと増えることは予想できた。また、居留地がつくられれば外国人が定住することになるから、幕府としては要求されずとも、遊郭の設置は考えていただろう。こうして誕生したのが「港崎《みよざき》遊郭」である。

港崎遊郭は吉原遊郭のシステムと、丸山遊郭の接客ノウハウをもとにつくられた。

15軒の遊女屋で500人以上の遊女が働いていたという。なかでも有名だったのが和洋折衷《わようせっちゅう》の建物が印象的な「岩亀楼《がんきろう》」で、外観は吉原の妓楼よりも豪華だった。

この岩亀楼に関しては、喜遊《きゆう》という遊女が、外国人の相手をしたくないと「露をだにいとう大和の女郎花《おみなえし》 ふるあめりかに袖はぬらさじ」の歌を残して自害したという逸話があるが、それは真っ赤な嘘らしい。

◉港崎遊郭の焼失後に誕生、繁栄した高島町遊郭

幕末維新期の日本の貨幣価値は、外国人にとって安かったこともあり、港崎遊郭は大いに栄えた。しかし、開設から10年も経たないうちに、横浜の大火で全焼してしまう。

それでも、1872（明治5）年に高島町《たかしまちょう》へ移転した新しい遊郭が大繁盛。横浜の遊郭は黄金期を迎えることになる。

高島町遊郭で人気だったのは「神風楼《じんぷうろう》」という遊女屋だった。往時の岩亀楼に負けず劣らず豪華な建物で、経営者の粂蔵《くめぞう》という男性は、「外国人に金を使わせることが日本の富につながる」と豪語し、店を切り盛りしたという。

七章

「三大遊郭」の名妓たち

物語や芝居でも人気を博した

【高尾】大名に身請けされるも酷い最期を迎えた?

◉「高尾」は吉原・三浦屋の大名跡

日本最大の遊郭である吉原には、後世に語り継がれる遊女が何人もいたが、まず名前があがるのは新吉原時代に登場した三浦屋の高尾太夫《たかおだゆう》だろう。とはいえ、「高尾」を名乗った遊女は一人だけではない。高尾とは、三浦屋の最高位の遊女たちに受け継がれた吉原の太夫の名跡《みょうせき》(源氏名)のこと。初代の万治《まんじ》高尾以降、7代あるいは9代、または11代続いたといわれている。そのため、高尾といえば名妓《めいぎ》の象徴となっていた。

歴代の高尾のなかで、歌舞伎や浮世絵の題材になるほど有名になったのが、2代の仙台高尾である。仙台藩の3代藩主・伊達綱宗《だてつなむね》に身請けされたためこの名で呼ばれ、一般に高尾といえば仙台高尾をさす。仙台高尾こそ、高尾太夫の代名詞なのである。

そんな仙台高尾が伝説的存在にまで昇華したのは、大名に身請けされるという栄華をつかみながらも、悲劇的な結末を迎えたからにほかならない。

◉仙台藩主を袖にし、吊るし斬りに

下野国《しもつけのくに》（現在の栃木県）に生まれた高尾は、幼い頃に両親を亡くし、女衒《ぜげん》にだまされて吉原に売られてきた。当初から並ぶ者のない美貌の持ち主で、その美しさに目を付けた三浦屋に引き取られた。

吉原でトップクラスの見世《みせ》だった三浦屋は、高尾にエリート教育を施し、二代目高尾太夫として売り出す。めったに笑わないクールさと、俳句などの豊かな教養が受け、たちまち世の男性たちをトリコにした。そんな高尾に夢中になった男性のなかに、仙台藩主・伊達綱宗がいたのである。

幕末〜明治中期の浮世絵師・月岡芳年が描いた2代目高尾太夫。
「月百姿」より

綱宗は身を持ち崩して隠居に追い込まれたという説もあるほど、彼女に入れ込んだ。そして、ついに彼女と同じ重量の小判、一説には三〇〇〇両ともいわれる大枚をはたいて身請けすることに成功する。

ところが、当の高尾には、すでに心に決めた恋人がいたため、なかなか綱宗になびかない。これに激怒した綱宗は、隅田川河口の三又付近の舟の上で、彼女を吊るし斬りにするという暴挙に出たという。

この哀れな最期は歌舞伎などで取り上げられ、多くの人々の涙を誘った。だが実は、これは虚構だという説がある。

実際には身請けされたのち、そのまま仙台で天寿をまっとうしたともいわれる。一方では、そもそも身請けされたという話も事実ではなく、三浦屋で養生しているうちに病没したともいわれているのだ。

こうした謎めいた生涯も、人々の興味をそそったのだろう。歌舞伎の上演とも相まって、高尾の悲恋は江戸時代を通じて語り継がれた。その人気を示すかのように、墓も東京の春慶院《しゅんけいいん》（台東区）、西方寺《さいほうじ》（豊島区）をはじめ、埼玉や塩原など関東各地に残されており、どこが本当の墓なのかわかっていない。

【勝山】江戸のファッションリーダーは、湯女から太夫へと華麗に転身！

◉奇抜な男装姿で人気者に

江戸の街の私娼から吉原の太夫へと異例の転身を遂げ、当代一のファッションリーダーとして名をはせた遊女が勝山《かつやま》である。

勝山は八王子の良家、一説によれば武家の出身だったという。しかし、父親と揉《も》めて家を飛び出して江戸へ出ると、神田の丹前風呂《たんぜんぶろ》という風呂屋の湯女《ゆな》として生きる決心をする。元吉原時代末期頃のことである。

湯女とは、昼は客の垢《あか》とりなど入浴の補助を行い、夜は客に性的なサービスを施す職業。つまり、幕府非公認の遊女、私娼である。料金が安いうえ、吉原のように面倒なしきたりもなくて気軽に行けることから、吉原をしのぐほどの人気を博していた。

勝山は、江戸の湯女のなかでもダントツの人気者だったという。美貌もさることながら、人気の源は独特のファッションにあった。どんな格好かというと、腰に大小の木刀を差し、袴《はかま》をはいて派手な綿入れを着た男装姿。大きな輪を作った上品な

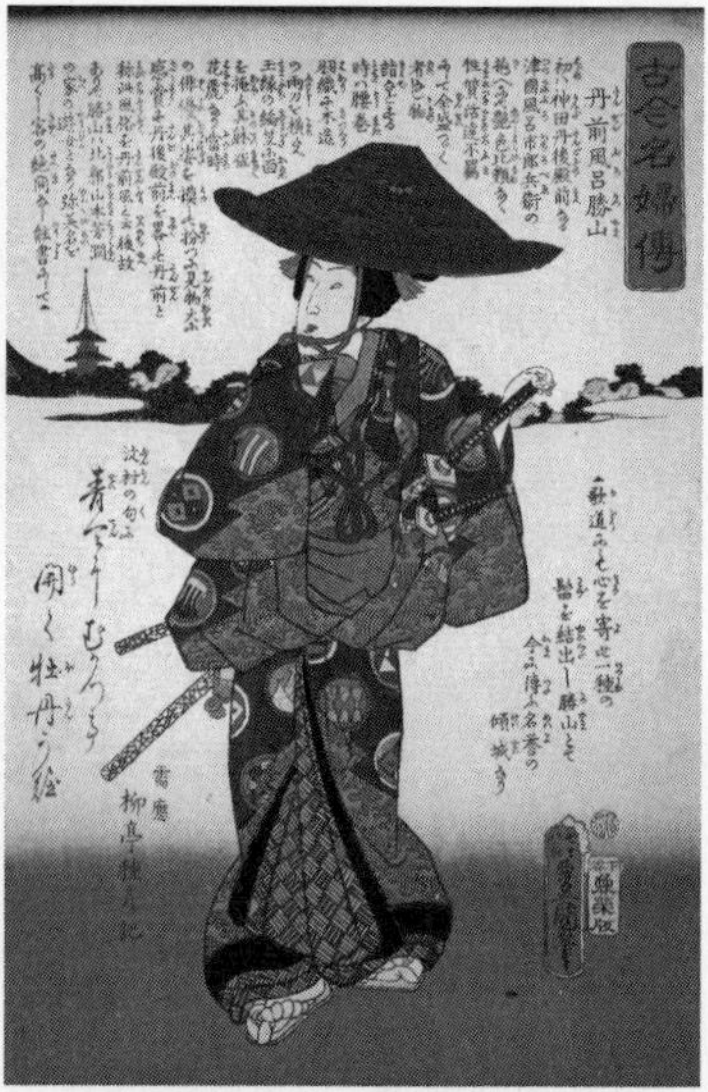

歌川国貞が描いた勝山。武士のように二本差しをしており、男装姿が勇ましい。「古今名婦伝」より

武家風の髪形を我流《がりゅう》で結い、肩で風を切って歩いていたのである。

その姿がカッコイイと評判となり、江戸の街では勝山の風体《ふうてい》をまねる女性があとをたたなかったという。勝山は男性をトリコにしただけでなく、女性たちからもあこがれられる存在となったのだ。

勝山が羽織った広袖の派手な綿入れは、「丹前」（現在のどてら）と呼ばれるようになり、武家風の髪形は彼女の名をとって「勝山髷《まげ》」とも呼ばれた。この勝山髷はのちに庶民の既婚者の丸髷に発展し、江戸時代の女性たちのスタンダードな髪形となっていく。

◉絶頂期に突如、引退する

こうして人気を呼んだ勝山だったが、人気が高まるにつれ、お上からの私娼に対する風当たりはきつくなっていった。そして、ついに彼女も幕府に検挙されてしまう。1653（承応《じょうおう》2）年、勝山は吉原の遊女へと鞍替えする。いわゆる「吉原送り」の刑である。

吉原送りになった遊女は、たいてい低く扱われる。しかし、勝山は別格だった。吉原でもたちまち人気を獲得して太夫にまで上り詰めると、花魁道中で独特のファッションセンスを見せるなど、話題を振りまいたのである。

花魁道中では、高下駄を履いた花魁は、足を踏み出す際に、足で大きく円を描きながら進む八文字《はちもんじ》という歩き方をしていた。当時は、内側に円を描く「内八文字」が行われていたが、勝山は外に向かって円を描く「外八文字」で歩いて話題をさらったのだ。

この「外八文字」と呼ばれる堂々とした歩き方は、やがて吉原の花魁道中ではスタンダードとなる。

それからまもなく、勝山は人気絶頂であったにもかかわらず、突如吉原を引退。その後の行方は不明である。

【夕霧】慈愛に満ちた人柄で一世を風靡した新町の名妓

◉客の散財をたしなめた

江戸の吉原遊郭、京都の島原《しまばら》遊郭とともに三大遊郭と呼ばれた大坂の新町《しんまち》遊郭。新町の顔とされた遊女が扇屋お抱えの太夫・夕霧《ゆうぎり》である。島原より格下と見なされていた新町を、名実ともに三大遊郭に押し上げたスーパースターだ。

夕霧は本名を照《てる》といい、もとは島原で働く遊女だった。島原時代からすでに有名で、新町に移籍してきたときには、彼女を一目見ようと多くの人が殺到したという。

夕霧の人気の理由としては、優れた容貌と豊かな教養を持ち、やさしい人柄だったことがあげられる。

最上級の遊女にもかかわらず、決して尊大にならない。裕福な客でも貧客でも分け隔てなく接し、宴席の場も率先して盛り上げる。また、夕霧にハマりすぎてなけなしの金をつぎ込んでくる客には散財をたしなめたり、売れっ子になって指名がとりづらくなると、先に別の遊女を揚屋に向かわせて場をもたせたりと、状況に応じた気配りができた。

そんな遊女が人気者にならないわけがない。

◉豪商・藤屋の伊左衛門との悲恋は歌舞伎にも

夕霧を伝説の遊女に仕立てたのは、歌舞伎や浄瑠璃《じょうるり》にもなっている豪商・藤屋の息子で伊左衛門《いざえもん》という客との恋である。現代では『廓文章《くるわぶんしょう》』という演目で上演されており、夕霧を待ちわびてそわそわする伊左衛門の姿が見どころとなっている。

歌川豊国による夕霧。美貌もさることながら気配りが素晴らしかったという。「古今名婦伝」より

しかし、二人の恋は悲恋に終わったようだ。

夕霧に大金をつぎ込んだ伊左衛門は、実家から勘当されたため店に通えず、夕霧と会えなくなってしまう。夕霧は音信のない伊左衛門を心配していた。そんなある日、ぼろをまとった伊左衛門が郭《くるわ》に現れ、「今はこれしかない」とたった一文を手渡す。それを夕霧は押しいただくようにして受け取るのである。

数日後、伊左衛門の使いが郭に来て、大金で夕霧を身請けしたいという。聞けば伊左衛門はすでに勘当を解かれており、夕霧の自分への本当の気持ちを知りたいと、一文だけ渡して立ち去ったというのだ。それを聞いて夕霧は失望。自分の真心を信じてくれなかった伊左衛門に別れを告げたといわれている。

これが実話かどうかはわからない。しかし、夕霧のプライドと思いの深さが伝わる逸話といえるだろう。

いずれにせよ、夕霧は22歳、または27歳で亡くなったと伝わる。あまりに早くこの世を去った夕霧は浄国寺（天王寺区）に葬られた。大坂中がその死を悼《いた》み、亡くなった日にちなんで「夕霧忌」という新年の季語がつくられたという。

【吉野】京のカリスマ遊女は、恋人に身請けされて幸せに

◉大名跡を継ぎ、才女としてならした

京都の島原遊郭を代表する遊女といえば、吉野だろう。高尾と並ぶ太夫の三大名

跡（源氏名）の一つとされ、高尾と同じく代々受け継がれた。

10代ほど続いたといわれる吉野のなかで、もっとも有名なのは江戸時代初期に六条三筋町にいた2代目の吉野太夫である。

武家に生まれた吉野の本名は松田徳子といい、実家が傾いたため、7歳のときに島原の妓楼に引き取られた。そして太夫になるべく英才教育を受け、14歳で太夫へと昇進。大きな期待を背負ってデビューした。

吉野は容姿端麗のみならず、芸事にも秀でていた。和歌や俳句は言うに及ばず、茶道や華道、書道など、どれも玄人《くろうと》はだしの腕前を披露した。とくに高貴な人に愛された香道は名人と呼ばれるほどだったという。双六《すごろく》などの遊びや琵琶《びわ》、琴など楽器にも通じており、まさに才人と呼ぶべき遊女だった。

また、こんなエピソードがある。

吉野を見染めたある職人が、爪に火を点《とも》すようにしてコツコツとお金を貯め、やっとの思いで島原に向かった。しかし「その金額では、吉野太夫の相手となるには遠く及ばない」と門前で追い払われてしまう。これを知って不憫《ふびん》に思った吉野は、その職人をひそかに招き、思いを遂げさせたという。

このように慈愛に満ち、人格も高い吉野は天女のようだと慕われた。一目見るだけで十分という客も少なくなく、吉野を見たことに満足して自殺した客もいたとされる。

◉茶人の妻となり幸福な後半生を送る

そんな吉野は愛する人と結ばれ、幸せな後半生を送った遊女でもある。26歳のとき、吉野は恋仲だった年下の大富豪・佐野《さの》紹益《しょうえき》に身請けされた。遊女を引退し、紹益の妻として生涯を過ごしたのである。

夫の紹益は高名な茶人で、和歌や蹴鞠《けまり》にも通じた粋人《すいじん》だった。しかし当初、紹益の親は吉野との結婚を認めなかったため、二人は京都でわび住まいをしていた。

そんなあるとき、吉野が家の軒先で雨宿りをしていた老人を家に招き入れてもてなすと、なんとその老人が紹益の父だった。吉野のやさしさに感動した父は、二人の結婚を認めたという。

こうして吉野は晴れて紹益の妻となった。太夫時代の豪勢な暮らしをきっぱりと捨て、夫とつつましく暮らした。

しかし、吉野は38歳のときに病気でこの世を去ってしまう。ショックを受けた紹益は、彼女の遺灰を酒に混ぜて飲み干したとも伝えられる。

【玉菊・花扇・佐香穂】遊郭を彩った、その他の遊女たち

◉お茶目で酒好き、座持ちの上手な玉菊

高尾や吉野のほかにも、遊郭で名をはせた遊女はまだいる。たとえば、吉原の中《なか》万《まん》字《じゃ》屋の太夫・玉菊《たまぎく》である。

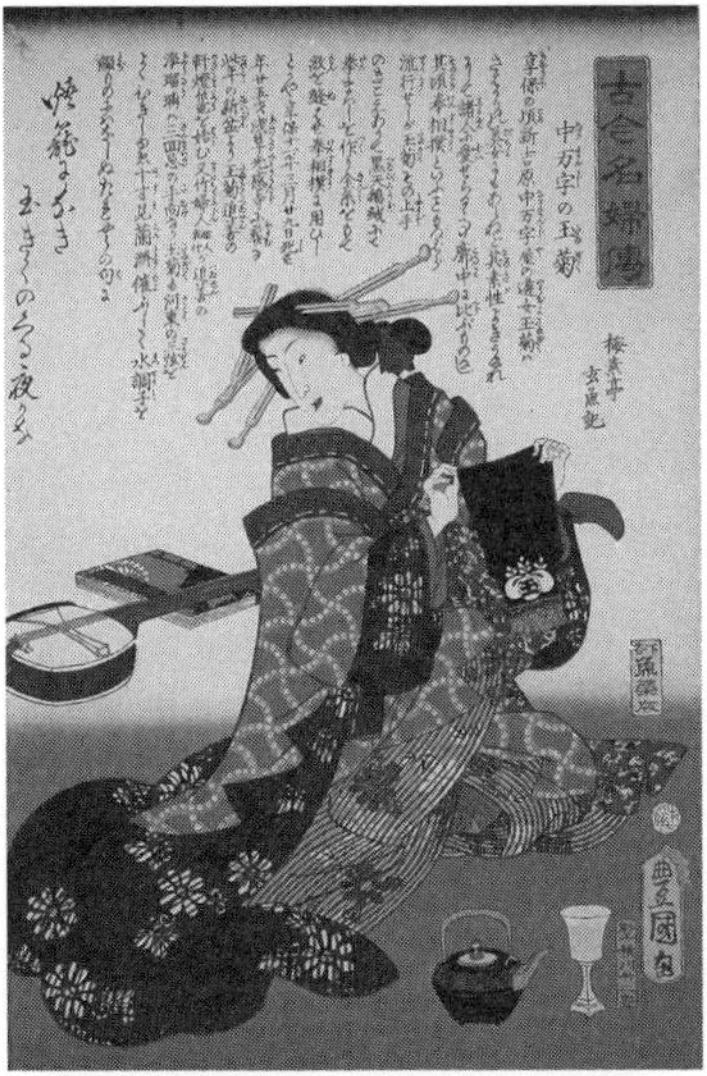

歌川国貞による中万字屋の玉菊。座持ちがうまく大の酒好きだったとか。「古今名婦伝」より

玉菊はとびぬけた美人ではなかったが、お茶目で親しみやすく、情けの深い人柄で愛された。茶道、三味線など諸芸にも通じており、とくに河東《かとう》節《ぶし》の三味線を得意としていた。また、現在のじゃんけんのような拳相撲《けんずもう》がめっぽう強く、大の酒好

きでもあった。

そんな玉菊と一緒にいると、座敷が楽しくなるともっぱらの評判だったのである。

しかし、深酒がたたって病を得、25歳の若さで亡くなった。早逝《そうせい》を惜しむ声が多く、吉原では6月30日の夜に、玉菊追善のための灯籠《とうろう》を引手茶屋《ひきてぢやや》などで吊るすのがならわしとなった。

◉手練手管か人情か…ギャップが人気の花扇

プロの遊女としての矜持《きようじ》を見せ、モテにモテたのが吉原の扇屋《おうぎ》の花扇である。

花扇は客との愛の証《あか》しとして小指を送る際、なんと刑死者の小指を手に入れて自分のものと偽り、何人もの男性に送っていた。男性たちは彼女の小指を持つ男は自分一人だけと信じ、せっせと彼女のもとに通い続けたのである。

スゴ腕の恋愛テクニックで客を翻弄《ほんろう》した花扇だが、その実、とても人情に厚い女性でもあった。

あるとき、田舎から出てきた真面目な武士が花扇のもとを訪れ、「他藩の侍から吉原に誘われたが、作法を知らず物笑いの種にされそうで困っている。自分だけならよいが藩の恥になる」と相談を持ちかけた。

その忠義に心を動かされた花扇は、協力を買って出る。当日は自分がその武士と昔からの馴染みであるように振る舞い、他藩の侍をぎゃふんと言わせたという。そして「面目を施した」と侍が持ってきた礼金の五〇両を花扇は受け取らず、遊郭関係者に分け与えたという。

手練手管で客の心をわしづかみにしながら、一方では人情に厚く、時にはほろりと情けをかける。花扇は意地とプライドを貫いた遊女のプロだったといえるだろう。

◉元吉原の佐香保は純愛を貫いて尼に

最後に紹介するのは、純愛を貫いて尼になった佐香保《さかほ》である。

元吉原の格子《こうし》だった佐香保は、恋人だった梅という男性を失う。梅は西国の武士だったが、家紋から付けた呼び名で、本名はわからない。その梅が本国で殉死《じゅんし》し、佐香保のもとに遺品と歌が送られてきたのだ。

佐香保は梅の菩提《ぼだい》を弔《とむら》い、彼への思いを貫こうと、仏門に入ることを決意。吉原を抜け出し、仏門に入りたいと奉行所へと訴え出た。その固い決意を知った楼主の並木源左衛門は出家を許したという。

その後の佐香保は法名を貞閑《ていかん》と名乗り、鎌倉で余生を終えたと伝えられている。

◉左記の文献等を参考にさせていただきました――

『江戸吉原図聚』『江戸庶民風俗図絵』三谷一馬、『遊女の江戸』下山弘（以上、中央公論新社）／『お江戸吉原ものしり帖』『おもしろ大江戸生活百科』北村鮭彦（以上、新潮社）／『フーゾクの日本史』岩永文夫、『江戸遊里盛衰記』渡辺憲司（以上、講談社）／『図説吉原入門』永井義男（学習研究社）／『江戸の色里』『江戸物価事典』小野武雄（以上、展望社）／『遊女の世界 目で見る日本風俗誌7』今戸栄一編（日本放送出版協会）／『吉原の舞台裏のウラ』『お盛んすぎる江戸の男と女』永井義男（以上、朝日新聞出版）／『江戸の暮らし図鑑』『江戸衣装図鑑』菊地ひと美（以上、東京堂出版）／『吉原夜話』宮内好太朗編・喜熨斗古登子述・三谷一馬画（青蛙房）／『吉原はこんな所でございました』福田利子（筑摩書房）／『江戸の色町 遊女と吉原の歴史』『江戸を賑わした 色街文化と遊女の歴史』安藤優一郎（以上、カンゼン）／『三大遊郭』堀江宏樹（幻冬舎）／『江戸の遊女』石井良助（明石書店）／『江戸・東京色街入門』八木澤高明（実業之日本社）／『江戸の下半身事情』永井義男（祥伝社）／『吉原はスゴイ』堀口茉純（PHP研究所）／『江戸の卵は一個四〇〇円！』丸田勲（光文社）／『江戸三〇〇年吉原のしきたり』渡辺憲司（青春出版社）／『歴史の中の遊女・被差別民』（新人物往来社）

KAWADE
夢文庫

遊女と遊郭の色世界

二〇二一年九月三〇日　初版発行

著　者……博学こだわり倶楽部［編］
企画・編集……夢の設計社
東京都新宿区山吹町二六一〒162-0801
☎〇三―三二六七―七八五一（編集）

発行者……小野寺優
発行所……河出書房新社
東京都渋谷区千駄ヶ谷二―三二―二〒151-0051
☎〇三―三四〇四―一二〇一（営業）
https://www.kawade.co.jp/
装　幀……こやまたかこ
印刷・製本……中央精版印刷株式会社
DTP……イールプランニング
Printed in Japan ISBN978-4-309-48573-7